Čarolija Kolača

Slasni Recepti za Neodoljive Delikatese

Mira Novak

SADRŽAJ

farmhouse drip cake 11

Američki medenjaci s umakom od limuna 12

Medenjaci od kave 14

Kolač s kremom od đumbira 15

Liverpool torta od medenjaka 16

Medenjaci i zob 17

ljepljivi medenjak 19

Integralni medenjaci 20

Kolač od meda i badema 21

ledeni kolač od limuna 22

prsten za ledeni čaj 23

torta od prhkog tijesta 25

Kolač s maslacem sjemenki kumina 26

mramorni kolač 27

Lincolnshire slojevita torta 28

Kolač od kruha 29

Kolač s džemom 30

kolač od maka 31

torta od prirodnog jogurta 32

Torta od šljiva i kreme 33

Valoviti kolač od malina sa čokoladnom glazurom 35

kolač od pijeska 36

pogača od sjemenki 37

Spice Cake 38

Pikantni kolač 39

Kolač od šećera s cimetom.. 40

Viktorijanska čajna torta 41

Sve u jednom voćnom kolaču 42

Sve u jednom voćnom kolaču 43

Australski voćni kolač 44

Bogata americka pita 45

Voćni kolač od rogača 47

Voćni kolač od kave 48

Cornish težak kolač 50

Kolač od ribiza 51

tamni voćni kolač 52

režite i okrenite kolač.. 54

Dundee torta... 55

Noćna voćna torta bez jaja 56

nepogrešiv voćni kolač.. 57

Voćni kolač od đumbira 59

Voćni kolač sa divljim medom... 60

Genovska torta.. 61

torta od smrznutog voća 63

Voćna torta sa Guinnessom 64

Pita od mljevenog mesa 65

Voćni kolač sa zobenim pahuljicama i marelicama.......................... 66

Noćna voćna torta 67

kolač od grožđica i začina 68

richmond torta 69

Kolač od šafrana... 70

Čvrsta voćna torta 71

brzi voćni kolač 72

voćni kolač s toplim čajem 73

Hladna torta od voća i čaja 74

voćni kolač bez šećera 75

voćni kolačići 76

kolač od voćnog octa 77

Virginia viski torta 78

Velški voćni tart 79

bijeli voćni kolač 80

pita od jabuka 81

Pikantna pita od jabuka s hrskavim preljevom 82

Američka pita od jabuka 83

pita od jabuka 84

torta od jabukovače 85

Kolač od cimeta i jabuka 86

španjolska pita od jabuka 87

Tart od jabuke i sultanije 89

naopako pita od jabuka 90

Kolač od marelice 91

Torta od marelica i đumbira 92

Pijani kolač od marelica 93

Kolač od banane 94

Kolač od banana s hrskavim preljevom 95

Banana spužva 96

Banana torta bogata vlaknima 97

Kolač od banane i limuna 98

Čokoladni kolač s bananom u blenderu ... 99
Kolač od banane i kikirikija ... 100
Kolač od banane i grožđica sve u jednom ... 101
Torta od banane i viskija ... 102
Pita od brusnica ... 103
Kolač od višanja ... 104
kolač od višanja i kokosa ... 105
Sultanija torta sa višnjama ... 106
Glazirana torta od višanja i oraha ... 107
Damask kolač od šljiva ... 108
Tart od datulja i oraha ... 109
Kolač od limuna ... 110
Kolač od naranče i badema ... 111
Kolač od zobenih pahuljica ... 112
Jako glazirana torta od mandarina ... 113
Kolač od naranče ... 114
Anđeoska torta ... 115
sendvič od kupina ... 116
Zlatni puter kolač ... 117
Sve u jednoj spužvici za kavu ... 118
češki kolač ... 119
jednostavan medeni kolač ... 120
Limun biskvit sve u jednom ... 121
Mousseline torta od limuna ... 122
Kolač od limuna ... 123
kolač od limuna i vanilije ... 124
Madeira torta ... 125

kolač od tratinčica 126
Kolač s toplim mlijekom 127
mliječni kolač 128
Mocha spužva sve u jednom 129
Moscatel torta 130
Narančasta spužva sve u jednom 131
jednostavan kolač 132
španjolski kolač 133
pobjednički sendvič 134
šlag kolač 135
Torta vjetrenjača 136
Švicarska rolada 138
Švicarska rolada od jabuka 139
Rakija kesten rolada 141
Čokoladna švicarska rolada 143
kolut od limuna 144
Rolada sa sirom od meda i limuna 146
Rolada s džemom od limete 148
Rolada od jagoda i limuna 150
Švicarska rolada s narančom i bademima 152
Švicarska rolada s jagodama 155
Sve u jednoj čokoladnoj torti 157
Čokoladni banana kruh 158
Torta od čokolade i badema 159
Sladoledna torta od čokolade i badema 160
Čokoladna torta od anđelike 162
Američka čokoladna torta 164

Čokoladni kolač od jabuka	166
Čokoladna brownie torta	168
Čokoladna torta s mlaćenicom	169
Tart s komadićima čokolade i bademima	170
Kolač sa čokoladnom kremom	171
Kolač od čokolade i datulja	172
Čokoladna torta za obitelji	174
Đavolja torta s glazurom od marshmallowa	175
čokoladna torta iz snova	177
lebdeća čokoladna torta	179
Kolač od lješnjaka i čokolade	180
Čokoladna torta	182
Čokoladna torta	184
Talijanska čokoladna torta	186
Sladoled torta od čokolade i lješnjaka	188
Talijanski tart s čokoladnom kremom i konjakom	190
slojevita čokoladna torta	191
mekani čokoladni kolači	193
moka torta	194
Kolač od blata	195
Mississippi pita od blata s hrskavim temeljcem	196
Čokoladna torta i orasi	198
Bogata čokoladna torta	199
Kolač od čokolade, oraha i višanja	200
Rum čokoladna torta	202
čokoladni sendvič	203
Kolač od rogača i oraha	204

Badnjak od rogača 206

kolač od sjemenki kima 208

Rižin kolač od badema 209

pivski kolač..210

Kolač od piva i datulja 212

battenburg torta 213

Kolač s pudingom od kruha 215

engleska pita od mlaćenice 217

farmhouse drip cake

Pravi tortu od 18 cm/7 inča

8 unci/1 1/3 šalice mješavine za tragove (mješavina za voćni kolač)

3 oz/75 g/1/3 šalice goveđe masti (biljna mast)

5 oz/150 g/2/3 šalice blagog smeđeg šećera

250 ml/8 tečnih oz/1 šalica vode

8 unci/2 šalice/225 g integralnog pšeničnog brašna (cjelovito pšenično)

5 ml/1 žličica praška za pecivo

2,5 ml/½ žličice sode bikarbone (natrij bikarbona)

5 ml/1 žličica mljevenog cimeta

Prstohvat naribanog muškatnog oraščića

Prstohvat mljevenog klinčića

U posudi s debelim dnom zakuhajte voće, sokove od kuhanja, šećer i vodu i kuhajte 10 minuta. Neka se ohladi. Ostale sastojke sjedinimo u zdjeli pa ulijemo otopljenu smjesu i lagano promiješamo. Izlijte u podmazan i obložen kalup za torte promjera 18 cm/7 cm i pecite u prethodno zagrijanoj pećnici na 180°C/350°F/plinska oznaka 4 1 sat i 30 minuta dok dobro ne naraste i prisloni uz stijenke torte.

Američki medenjaci s umakom od limuna

Pravi tortu od 20 cm/8 inča

8 unci/225 g/1 šalica granuliranog šećera (superfinog)

2 oz/50 g/¼ šalice maslaca ili margarina, otopljenog

30 ml/2 žlice crne melase (melase)

2 bjelanjka lagano istučena

8 unci/2 šalice/225 g glatkog brašna (višenamjenskog)

5 ml/1 žličica sode bikarbone (natrij bikarbona)

5 ml/1 žličica mljevenog cimeta

2,5 ml/½ žličice mljevenog klinčića

1,5 ml/¼ žličice mljevenog đumbira

Prstohvat soli

250 ml/8 unci/1 šalica mlaćenice

Za umak:

100 g/4 oz/½ šalice granuliranog šećera (superfini)

30 ml/2 žlice kukuruznog brašna (kukuruzni škrob)

Prstohvat soli

Prstohvat naribanog muškatnog oraščića

250 ml/8 tečnih oz/1 šalica kipuće vode

½ oz/15 g/1 žlica maslaca ili margarina

30 ml/2 žlice soka od limuna

2,5 ml/½ žličice sitno naribane korice limuna

Pomiješajte šećer, maslac ili margarin i melasu. Dodajte snijeg od bjelanjaka. Pomiješajte brašno, sodu bikarbonu, začine i sol. Naizmjenično umiješajte mješavinu brašna i mlaćenicu u smjesu maslaca i šećera dok se dobro ne sjedine. Izlijte u maslacem i pobrašnjen kalup za torte promjera 20 cm i pecite u prethodno zagrijanoj pećnici na 200°C/plin 6 35 minuta dok čačkalica zabodena u sredinu ne izađe čista. Ostavite da se ohladi u limu 5 minuta prije nego što ga okrenete na rešetku da se potpuno ohladi. Kolač se može poslužiti hladan ili topao.

Da biste napravili umak, pomiješajte šećer, kukuruzno brašno, sol, muškatni oraščić i vodu u loncu na laganoj vatri i miješajte dok se dobro ne sjedini. Kuhajte na laganoj vatri uz miješanje dok smjesa ne postane gusta i blijeda. Dodajte maslac ili margarin, sok i koricu limuna i kuhajte dok se dobro ne sjedini. Prelijte preko medenjaka i poslužite.

Medenjaci od kave

Pravi tortu od 20 cm/8 inča

1 ¾ šalice/200 g samodizajućeg brašna

10 ml/2 žličice mljevenog đumbira

10 ml/2 žličice granulirane instant kave

100 ml/4 fl oz/½ šalice vruće vode

100g/4oz/½ šalice maslaca ili margarina

¼ šalice/3 unce/75 g zlatnog sirupa (svijetli kukuruz)

2 oz/50 g/¼ šalice blagog smeđeg šećera

2 razmućena jaja

Pomiješajte brašno i đumbir. Otopite kavu u vrućoj vodi. Otopite margarin, sirup i šećer pa ih dodajte suhim sastojcima. Pomiješajte kavu i jaja. Izlijte u podmazan i obložen kalup za tortu od 20 cm i pecite u prethodno zagrijanoj pećnici na 180°C/350°F/plinska oznaka 4 40-45 minuta dok dobro ne naraste i postane elastičan na dodir.

Kolač s kremom od đumbira

Pravi tortu od 20 cm/8 inča

¾ šalice/6 unci/175 g maslaca ili margarina, omekšalog

5 oz/150 g/2/3 šalice blagog smeđeg šećera

3 jaja, lagano tučena

1 ½ šalice/175 g samodizajućeg brašna

15 ml/1 žlica mljevenog đumbira Za ukras:

150 ml/¼ pt/2/3 šalice dvostrukog vrhnja (gustog)

15 ml/1 žlica šećera u prahu, prosijanog

5 ml/1 žličica mljevenog đumbira

Miksajte maslac ili margarin i šećer dok ne postanu svijetli i pjenasti. Postupno dodajte jaja, zatim brašno i đumbir te dobro promiješajte. Podijelite u dva podmazana i obložena kalupa za sendviče 8/20 cm i pecite u prethodno zagrijanoj pećnici na 180°C/350°F/stupanj 4 25 minuta dok dobro ne naraste i postane elastičan na dodir. Neka se ohladi.

Umutite vrhnje sa šećerom i đumbirom u čvrsti šlag pa od njega napravite sendvič s kolačima.

Liverpool torta od medenjaka

Pravi tortu od 20 cm/8 inča

100g/4oz/½ šalice maslaca ili margarina

100g/4oz/½ šalice demerara šećera

30 ml/2 žlice zlatnog sirupa (svijetli kukuruzni)

8 unci/2 šalice/225 g glatkog brašna (višenamjenskog)

2,5 ml/½ žličice sode bikarbone (natrij bikarbona)

10 ml/2 žličice mljevenog đumbira

2 razmućena jaja

225 g/8 unci/11/3 šalice grožđica (zlatne grožđice)

50 g/½ šalice kristaliziranog (kandiranog) đumbira, nasjeckanog

Na laganoj vatri otopite maslac ili margarin sa šećerom i sirupom. Maknite s vatre i dodajte suhe sastojke i jaje te dobro promiješajte. Dodajte grožđice i đumbir. Izlijte u podmazan i obložen četvrtasti kalup za tortu od 20 cm i pecite u prethodno zagrijanoj pećnici na 150°C/300°F/razina plina 3 1 sat i 30 minuta dok ne postane elastičan na dodir. Kolač može malo utonuti u sredini. Ostavite da se ohladi u kalupu.

Medenjaci i zob

Izrađuje tortu veličine 14 x 9 inča/35 x 23 cm

8 unci/2 šalice/225 g integralnog pšeničnog brašna (cjelovito pšenično)

75 g/¾ šalice zobenih pahuljica

5 ml/1 žličica sode bikarbone (natrij bikarbona)

5 ml/1 žličica kreme od zubnog kamenca

15 ml/1 žlica mljevenog đumbira

8 oz/225 g/1 šalica maslaca ili margarina

8 oz/225 g/1 šalica blagog smeđeg šećera

U posudi pomiješajte brašno, zob, sodu bikarbonu, tartar i đumbir. Utrljajte maslac ili margarin dok smjesa ne podsjeća na krušne mrvice. Dodajte šećer. Smjesu čvrsto utisnite u podmazan kalup za torte veličine 35 x 23 cm/14 x 9 inča i pecite u prethodno zagrijanoj pećnici na 160°C/325°F/stupanj 3 30 minuta dok se ne stegne. Još vruće izrežite na kvadrate i ostavite da se potpuno ohlade u kalupu.

narančasti medenjak

Pravi tortu od 23 cm/9 inča

450 g/1 funta/4 šalice glatkog brašna (višenamjenskog)

5 ml/1 žličica mljevenog cimeta

2,5 ml/½ žličice mljevenog đumbira

2,5 ml/½ žličice sode bikarbone (natrij bikarbona)

6 oz/175 g/2/3 šalice maslaca ili margarina

6 unci/175 g/2/3 šalice šećera u prahu (superfinog)

75 g/½ šalice kandirane (ušećerene) narančine kore, nasjeckane

Naribana korica i sok ½ velike naranče

6 oz/175 g/½ šalice zlatnog sirupa (svijetli kukuruz), vrući

2 jaja, lagano tučena

Malo mlijeka

Pomiješajte brašno, začine i sodu bikarbonu, pa dodajte maslac ili margarin dok smjesa ne bude poput krušnih mrvica. Dodajte šećer, narančinu koricu i koricu, a zatim napravite udubinu u sredini. Pomiješajte sok od naranče i topli sirup pa umiješajte jaja dok ne postane glatka, po potrebi dodajte malo mlijeka. Dobro umutiti, zatim izliti u podmazan četvrtasti kalup za tortu od 23 cm i peći u prethodno zagrijanoj pećnici na 160°C/325°F/razina plina 3 1 sat dok se dobro ne digne i postane elastičan na dodir.

ljepljivi medenjak

Pravi tortu 10/25 cm

275 g/2 ½ šalice glatkog brašna (višenamjenskog).

10 ml/2 žličice mljevenog cimeta

5 ml/1 žličica sode bikarbone (natrij bikarbona)

100g/4oz/½ šalice maslaca ili margarina

6 oz/175 g/½ šalice zlatnog sirupa (svijetli kukuruz)

6 unci/175 g/½ šalice crne melase (melase)

100g/4oz/½ šalice blagog smeđeg šećera

2 razmućena jaja

150 ml/¼ pt/2/3 šalice vruće vode

Pomiješajte brašno, cimet i sodu bikarbonu. Otopiti maslac ili margarin sa sirupom, melasom i šećerom i preliti preko suhih sastojaka. Dodajte jaja i vodu i dobro promiješajte. Izlijte u podmazan i obložen četvrtasti kalup za torte 10/25 cm. Pecite u prethodno zagrijanoj pećnici na 180°C/350°F/razina plina 4 40-45 minuta dok dobro ne naraste i postane elastičan na dodir.

Integralni medenjaci

Pravi tortu od 18 cm/7 inča

1 šalica/4 unce/100 g glatkog brašna (višenamjenskog)

4 unce/100 g/1 šalica integralnog brašna (cjelovito pšenično)

2 oz/50 g/¼ šalice blagog smeđeg šećera

50g/2oz/1/3 šalice grožđica (zlatne grožđice)

10 ml/2 žličice mljevenog đumbira

5 ml/1 žličica mljevenog cimeta

5 ml/1 žličica sode bikarbone (natrij bikarbona)

Prstohvat soli

100g/4oz/½ šalice maslaca ili margarina

30 ml/2 žlice zlatnog sirupa (svijetli kukuruzni)

30 ml/2 žlice crne melase (melase)

1 jaje, lagano tučeno

150 ml/¼ pt/2/3 šalice mlijeka

Pomiješajte suhe sastojke. Otopite maslac ili margarin sa sirupom i melasom pa ih dodajte suhim sastojcima sa jajetom i mlijekom. Izlijte u podmazan i obložen kalup za tortu od 18 cm i pecite u prethodno zagrijanoj pećnici na 160°C/325°F/plinska oznaka 3 1 sat dok ne postane elastičan na dodir.

Kolač od meda i badema

Pravi tortu od 20 cm/8 inča

250 g mrkve, naribane

2½ oz/65 g sitno nasjeckanih badema

2 jaja

100 g/4 oz/1/3 šalice svijetlog meda

60 ml/4 žlice ulja

150 ml/¼ pt/2/3 šalice mlijeka

4 unce/100 g/1 šalica integralnog brašna (cjelovito pšenično)

¼ šalice/1 unca/25 g glatkog brašna (višenamjenskog).

10 ml/2 žličice mljevenog cimeta

2,5 ml/½ žličice sode bikarbone (natrij bikarbona)

Prstohvat soli

glazura od limuna

Nekoliko narezanih (uvaljanih) badema za ukras

Pomiješajte mrkvu i orahe. U posebnoj posudi umutite jaja, pa ih pomiješajte s medom, uljem i mlijekom. Dodajte mrkvu i orahe, pa dodajte suhe sastojke. Izlijte u podmazan i obložen kalup za torte promjera 20 cm/8 cm i pecite u prethodno zagrijanoj pećnici na 150°C/300°F/plinska oznaka 2 1 sat i 15 minuta dok dobro ne naraste i postane elastičan na dodir. Ostavite da se ohladi u kalupu prije nego što ga izvadite. Prelijte glazurom od limuna i ukrasite nasjeckanim bademima.

ledeni kolač od limuna

Pravi tortu od 18 cm/7 inča

100g/4oz/½ šalice maslaca ili margarina, omekšalog

100 g/4 oz/½ šalice granuliranog šećera (superfini)

2 jaja

1 šalica/4 unce/100 g glatkog brašna (višenamjenskog)

2 oz/50 g/½ šalice mljevene riže

2,5 ml/½ žličice praška za pecivo

ribana korica i sok od 1 limuna

4 oz/100 g/2/3 šalice slastičarskog (u prahu) šećera, prosijanog

Miksajte maslac ili margarin i šećer dok ne postanu svijetli i pjenasti. Dodajte jedno po jedno jaje, dobro umutite nakon svakog dodavanja. Pomiješajte brašno, mljevenu rižu, prašak za pecivo i limunovu koricu pa dodajte u smjesu. Izlijte u podmazan i obložen kalup za torte 7/18 cm i pecite u prethodno zagrijanoj pećnici na 180°C/350°F/plinska oznaka 4 1 sat dok ne postane elastičan na dodir. Izvaditi iz kalupa i ostaviti da se ohladi.

Pomiješajte šećer u prahu s malo limunovog soka dok ne postane glatko. Premazati preko torte i ostaviti da odmori.

prsten za ledeni čaj

Za 4 do 6 osoba

150 ml/¼ pt/2/3 šalice toplog mlijeka

2,5 ml/½ žličice suhog kvasca

25 g/2 žlice šećera (superfinog)

1 unca/25 g/2 žlice maslaca ili margarina

8 unci/2 šalice/225 g glatkog oštrog brašna (kruh)

1 razmućeno jaje Za nadjev:

2 oz/50 g/¼ šalice maslaca ili margarina, omekšalog

50 g/¼ šalice nasjeckanih badema

2 oz/50 g/¼ šalice blagog smeđeg šećera

Za naslovnicu:
4 oz/100 g/2/3 šalice slastičarskog (u prahu) šećera, prosijanog

15 ml/1 žlica tople vode

30 ml/2 žlice narezanih badema u listićima

Kvasac i šećer prelijte mlijekom i promiješajte. Ostavite na toplom mjestu dok se ne zapjeni. Maslac ili margarin utrljajte u brašno. Dodajte smjesu kvasca i jaje i dobro umutite. Posudu prekrijte nauljenom prozirnom folijom (plastičnom folijom) i ostavite na toplom mjestu 1 sat. Ponovno premijesite, zatim oblikujte pravokutnik veličine otprilike 30 x 23 cm/12 x 9 inča. Tijesto premažite maslacem ili margarinom i pospite nasjeckanim bademima i šećerom. Oblikujte dugačku kobasicu i oblikujte prsten, a rubove zalijepite s malo vode. Odrežite dvije trećine rolade po širini u razmaku od otprilike 1½/3 cm i stavite ih u podmazan pleh. Ostavite na toplom mjestu 20 minuta. Pecite u prethodno zagrijanoj pećnici na 200°C/plin 7 15 minuta. Smanjite temperaturu pećnice na 180°C/350°F/plin 4 daljnjih 15 minuta.

U međuvremenu pomiješajte šećer u prahu i vodu da dobijete glazuru. Ohlađenu premažite tortu i ukrasite listićima badema.

torta od prhkog tijesta

Za tortu veličine 23 x 18 cm/9 x 7 inča

½ oz/15 g svježeg kvasca ili 4 žlice. žličica/20 ml suhog kvasca

5 ml/1 žličica šećera (super finog)

300 ml/½ pt/1¼ šalice tople vode

5 oz/150 g/2/3 šalice masti (masina od povrća)

450 g/1 lb/4 šalice oštrog brašna (kruh)

Prstohvat soli

100g/4oz/2/3 šalice grožđica (zlatne grožđice)

100 g/4 oz/2/3 šalice svijetlog meda

Kvasac pomiješajte sa šećerom i malo tople vode i ostavite na toplom 20 minuta dok ne postane pjenast.

U brašno i sol utrljajte 25 g svinjske masti i u sredini napravite udubinu. Ulijte smjesu kvasca i preostalu toplu vodu i mijesite dok ne dobijete čvrsto tijesto. Mijesite dok ne dobijete glatku i elastičnu smjesu. Stavite ga u nauljenu zdjelu, prekrijte nauljenom prozirnom folijom (prozirnom folijom) i ostavite na toplom oko 1 sat dok ne udvostruči volumen.

Preostali maslac narežite na kockice. Ponovno premijesite tijesto, zatim ga razvaljajte u pravokutnik veličine otprilike 35 x 23 cm/14 x 9 inča. Gornje dvije trećine tijesta premažite jednom trećinom masti, jednom trećinom grožđica i jednom četvrtinom meda. Pravilnu trećinu tijesta preklopite preko nadjeva, zatim gornju trećinu preklopite preko vrha. Pritisnite rubove zajedno da se spoje, a zatim okrenite tijesto za četvrtinu tako da vam pregib bude lijevo. Razvaljajte i ponovite postupak još dva puta da iskoristite sav maslac i grožđice. Stavite na podmazanu tepsiju i na vrhu nožem izrežite kriške. Pokrijte i ostavite na toplom mjestu 40 minuta.

Pecite u prethodno zagrijanoj pećnici na 220°C/425°F/plinska oznaka 7 40 minuta. Prelijte preostalim medom i ostavite da se ohladi.

Kolač s maslacem sjemenki kumina

Za tortu veličine 23 x 18 cm/9 x 7 inča

1 lb/450 g osnovnog tijesta za bijeli kruh

¾ šalice/6 oz/175 g masti (biljna mast), narezane na komade

6 unci/175 g/¾ šalice granuliranog šećera (superfinog)

15 ml/1 žlica sjemenki kumina

Izradite tijesto, pa ga na lagano pobrašnjenoj površini razvaljajte u pravokutnik veličine otprilike 35 x 23 cm. Na gornje dvije trećine tijesta stavite pola maslaca i pola šećera, zatim preklopite jednu trećinu tijesta i preklopite gornju trećinu. Okrenite tijesto za četvrtinu kruga tako da preklop bude na lijevoj strani, zatim ga ponovno razvaljajte i ravnomjerno pospite preostalim maslacem, šećerom i kimom. Ponovo preklopiti, zatim oblikovati da stane na tepsiju (kalup) i vrh zarezati u obliku romba. Prekrijte nauljenom prozirnom folijom i ostavite na toplom oko 30 minuta dok se volumen ne udvostruči.

Pecite u prethodno zagrijanoj pećnici na 200°C/400°F/plinska oznaka 6 1 sat. Ostavite da se hladi u kalupu 15 minuta da masnoća prodre u smjesu, a zatim preokrenite na rešetku da se potpuno ohladi.

mramorni kolač

Pravi tortu od 20 cm/8 inča

¾ šalice/6 unci/175 g maslaca ili margarina, omekšalog

6 unci/175 g/¾ šalice granuliranog šećera (superfinog)

3 jaja, lagano tučena

8 oz/225 g/2 šalice samodižućeg brašna

Nekoliko kapi esencije badema (ekstrakt)

Nekoliko kapi zelene prehrambene boje

Nekoliko kapi crvene prehrambene boje.

Miksajte maslac ili margarin i šećer dok ne postanu svijetli i pjenasti. Postupno umiješajte jaja, a zatim dodajte brašno. Smjesu podijelite na trećine. U jednu trećinu dodajte esenciju badema, u jednu trećinu zelenu prehrambenu boju, a u preostalu trećinu crvenu prehrambenu boju. U namašćen i obložen kalup za torte promjera 20 cm velikim žlicama naizmjenično ulijevajte tri smjese i pecite u prethodno zagrijanoj pećnici na 180°C/stupanj 4 45 minuta dok sve dobro ne napuhne i bude elastično na dodir. .

Lincolnshire slojevita torta

Pravi tortu od 20 cm/8 inča

6 unci/175 g/¾ šalice maslaca ili margarina

12 oz/350 g/3 šalice glatkog brašna (višenamjenskog).

Prstohvat soli

150 ml/¼ pt/2/3 šalice mlijeka

15 ml/1 žlica suhog kvasca Za nadjev:

225 g/8 unci/11/3 šalice grožđica (zlatne grožđice)

8 oz/225 g/1 šalica blagog smeđeg šećera

1 unca/25 g/2 žlice maslaca ili margarina

2,5 ml/½ žličice mljevene pimente

1 jaje, odvojeno

Polovicu maslaca ili margarina utrljajte u brašno i sol dok smjesa ne bude poput krušnih mrvica. Preostali maslac ili margarin zagrijte s mlijekom da se zagrije, pa malo miješajte dok ne dobijete tijesto s kvascem. Umiješajte preostalu smjesu kvasca, mlijeko i maslac u smjesu brašna i mijesite dok ne postane glatko. Stavite ga u nauljenu zdjelu, poklopite i ostavite da odstoji na toplom oko 1 sat dok ne udvostruči volumen. U međuvremenu sve sastojke za nadjev, osim bjelanjka, staviti u tavu na laganu vatru i ostaviti da se otope.

Četvrtinu tijesta razvaljajte u krug 8/20 cm i na to rasporedite trećinu nadjeva. Ponoviti postupak s preostalim količinama tijesta i nadjeva, poklopiti krugom od tijesta. Rubove premažite bjelanjkom i zatvorite. Pecite u prethodno zagrijanoj pećnici na 190°C/375°F/plinska oznaka 5 20 minuta. Premažite vrh bjelanjkom, pa vratite u pećnicu na još 30 minuta dok ne porumeni.

Kolač od kruha

Pravi kolač od 2 lb/900 g

¾ šalice/6 unci/175 g maslaca ili margarina, omekšalog

275 g/1 ¼ šalice granuliranog šećera (superfini)

Naribana korica i sok ½ limuna

120 ml/4 unce/½ šalice mlijeka

2¼ šalice/10 oz/275 g brašna koje se samo diže

5 ml/1 žličica soli

5 ml/1 žličica praška za pecivo

3 jaja

Šećer u prahu (konditorski) prosijani za posipanje

Miksajte maslac ili margarin, šećer i koricu limuna dok ne postane svijetlo i pjenasto. Dodajte limunov sok i mlijeko, zatim dodajte brašno, sol i kvasac i miješajte dok ne postane glatko. Dodajte jaja malo po malo, dobro umutiti nakon svakog dodavanja. Izlijte smjesu u podmazan i obložen kalup za kruh od 900 g i pecite u prethodno zagrijanoj pećnici na 150°F/300°F/razina plina 2 1 sat 15 minuta dok ne postane elastičan na dodir. Ostavite da se ohladi u kalupu 10 minuta prije nego što ga izvadite iz kalupa da se potpuno ohladi na rešetki. Poslužite posipano šećerom u prahu.

Kolač s džemom

Pravi tortu od 18 cm/7 inča

¾ šalice/6 unci/175 g maslaca ili margarina, omekšalog

6 unci/175 g/¾ šalice granuliranog šećera (superfinog)

3 jaja, odvojena

10 oz/300 g/2½ šalice samodizajućeg brašna

45 ml/3 žlice gustog pekmeza

1/3 šalice/2 oz/50 g nasjeckane miješane (ušećerene) korice

naribana korica 1 naranče

45 ml/3 žlice vode

Za glazuru (glazuru):
4 oz/100 g/2/3 šalice slastičarskog (u prahu) šećera, prosijanog

sok od 1 naranče

Nekoliko kriški kandirane naranče (ušećerene)

Miksajte maslac ili margarin i šećer dok ne postanu svijetli i pjenasti. Postupno dodajte žumanjke, zatim 15 ml/1 žlica brašna. Dodati džem, izmiješane korice, narančine korice i vodu pa dodati ostatak brašna. Od bjelanjaka istucite čvrsti snijeg pa ga metalnom žlicom umiješajte u smjesu. Izlijte u podmazan i obložen kalup za tortu 7/18 cm i pecite u prethodno zagrijanoj pećnici na 180°C/350°F/razina plina 4 1 sat i 15 minuta dok dobro ne naraste i postane elastičan na dodir. Ostavite da se hladi u kalupu 5 minuta, zatim preokrenite na rešetku da se do kraja ohladi.

Za pripremu glazure stavite šećer u prahu u posudu i napravite udubljenje u sredini. Postupno dodajte dovoljno soka od naranče da dobijete konzistenciju koja se može mazati. Prelijte tortu i rubove i ostavite da se stegne. Ukrasite kandiranim kriškama naranče.

kolač od maka

Pravi tortu od 20 cm/8 inča

250 ml/8 unci/1 šalica mlijeka

100g/4oz/1 šalica sjemenki maka

8 unci/225 g/1 šalica maslaca ili margarina, omekšalog

8 oz/225 g/1 šalica blagog smeđeg šećera

3 jaja, odvojena

1 šalica/4 unce/100 g glatkog brašna (višenamjenskog)

4 unce/100 g/1 šalica integralnog brašna (cjelovito pšenično)

5 ml/1 žličica praška za pecivo

U loncu zakuhajte mlijeko s makom, maknite ga s vatre, poklopite i ostavite da se macerira 30 minuta. Miksajte maslac ili margarin i šećer dok ne postanu svijetli i pjenasti. Malo po malo dodavati žumanjke, zatim brašno i kvasac. Dodajte mak i mlijeko. Od bjelanjaka istucite čvrsti snijeg pa ga metalnom žlicom umiješajte u smjesu. Izlijte u namašćen i obložen kalup za tortu od 20 cm i pecite u prethodno zagrijanoj pećnici na 180°C/plin 4 1 sat dok čačkalica zabodena u sredinu ne izađe čista. Ostavite da se ohladi u kalupu 10 minuta prije nego što ga izvadite iz kalupa da se potpuno ohladi na rešetki.

torta od prirodnog jogurta

Pravi tortu od 23 cm/9 inča

5 oz/150 g običnog jogurta

150 ml/¼ st./2/3 šalice ulja

8 unci/225 g/1 šalica granuliranog šećera (superfinog)

8 oz/225 g/2 šalice samodižućeg brašna

10 ml/2 žličice praška za pecivo

2 razmućena jaja

Sve sastojke pomiješajte dok ne postanu glatki, a zatim ih izlijte u podmazan i obložen kalup za torte promjera 23 cm. Pecite u prethodno zagrijanoj pećnici na 160°C/325°F/razina plina 3 1 sat i 15 minuta dok ne postane elastično na dodir. Ostavite da se ohladi u kalupu.

Torta od šljiva i kreme

Pravi tortu od 23 cm/9 inča

Za nadjev:

5 unci/150 g/2/3 šalice šljiva bez koštica, grubo nasjeckanih

120 ml/4 oz/½ šalice soka od naranče

50 g/¼ šalice granuliranog šećera (superfinog)

30 ml/2 žlice kukuruznog brašna (kukuruzni škrob)

175 ml/6 tečnih oz/¾ šalice mlijeka

2 žumanjka

Sitno naribana korica 1 naranče

Za tortu:

¾ šalice/6 unci/175 g maslaca ili margarina, omekšalog

8 unci/225 g/1 šalica granuliranog šećera (superfinog)

3 jaja, lagano tučena

1 ¾ šalice/200 g glatkog brašna (višenamjenskog)

10 ml/2 žličice praška za pecivo

2,5 ml/½ žličice naribanog muškatnog oraščića

75 ml/5 žlica soka od naranče

Prvo pripremite nadjev. Šljive namačite u soku od naranče najmanje dva sata. Pomiješajte šećer i kukuruzno brašno u pastu s malo mlijeka. U loncu zakuhajte preostalo mlijeko. Prelijte šećerom i kukuruznim brašnom i dobro promiješajte pa vratite u ispranu tepsiju i pjenasto umiješajte žumanjke. Dodati narančinu koricu i miješati na vrlo laganoj vatri dok se ne zgusne, ali ne dopustiti da krema prokuha. Stavite lonac u zdjelu s hladnom vodom i povremeno promiješajte kremu dok se hladi.

Za pripremu kolača izradite maslac ili margarin i šećer dok ne postanu svijetli i pjenasti. Dodajte malo po malo jaja, zatim dodajte brašno, prašak za pecivo i muškatni oraščić naizmjenično sa sokom od naranče. Pola smjese izlijte u maslacem namazan kalup za torte promjera 23 cm, a zatim po vrhu rasporedite kremu, ostavljajući razmak oko ruba. Prelijte šljive i natopljeni sok preko kreme, a zatim prelijte preostalim tijestom za pitu, pazeći da se tijesto za pitu zalijepi za nadjev sa strane i da nadjev bude potpuno prekriven. Pecite u prethodno zagrijanoj pećnici na 200°C/400°F/razina plina 6 35 minuta, dok ne porumene i dok se stranice lima ne povuku. Ostavite da se ohladi u kalupu prije nego što ga izvadite.

Valoviti kolač od malina sa čokoladnom glazurom

Pravi tortu od 20 cm/8 inča

¾ šalice/6 unci/175 g maslaca ili margarina, omekšalog

6 unci/175 g/¾ šalice granuliranog šećera (superfinog)

3 jaja, lagano tučena

8 oz/225 g/2 šalice samodižućeg brašna

4 unce/100 g malina Za glazuru i dekoraciju:

Glazura od putera od bijele čokolade

4 oz/100 g/1 šalica tamne čokolade (poluslatke)

Miksajte maslac ili margarin i šećer dok ne postanu svijetli i pjenasti. Postupno umiješajte jaja, a zatim dodajte brašno. Maline izblendajte, pa ih propasirajte kroz cjedilo da uklonite sjemenke. Pire umiješajte u smjesu za kolače, da se mramorira u smjesi i da se ne miješa. Izlijte u podmazan i obložen kalup za tortu od 20 cm i pecite u prethodno zagrijanoj pećnici na 180°C/350°F/plinska oznaka 4 45 minuta dok dobro ne naraste i postane elastičan na dodir. Prebacite na rešetku da se ohladi.

Kremom od maslaca premažite tortu i vilicom izgrebajte površinu. Otopite čokoladu u zdjeli otpornoj na toplinu postavljenoj iznad posude s ključalom vodom. Rasporedite po tepsiji (biskvitu) i ostavite da bude gotovo. Zagrebajte ravnom stranom oštrog noža po čokoladi kako biste stvorili kovrče. Njime ukrasite vrh torte.

kolač od pijeska

Pravi tortu od 20 cm/8 inča

3 unce/75 g/1/3 šalice maslaca ili margarina, omekšalog

3 unce/75 g/1/3 šalice granuliranog šećera (superfinog)

2 jaja, lagano tučena

4 oz/100 g/1 šalica kukuruznog brašna (kukuruzni škrob)

¼ šalice/1 unca/25 g glatkog brašna (višenamjenskog).

5 ml/1 žličica praška za pecivo

50 g/½ šalice nasjeckanih miješanih orašastih plodova

Miksajte maslac ili margarin i šećer dok ne postanu svijetli i pjenasti. Postupno dodajte jaja pa umiješajte kukuruznu krupicu, brašno i prašak za pecivo. Smjesu izlijte u podmazan četvrtasti kalup za tortu od 20 cm i pospite nasjeckanim orasima. Pecite u prethodno zagrijanoj pećnici na 180°C/350°F/plinska oznaka 4 1 sat dok ne postane elastično na dodir.

pogača od sjemenki

Pravi tortu od 18 cm/7 inča

100g/4oz/½ šalice maslaca ili margarina, omekšalog

100 g/4 oz/½ šalice granuliranog šećera (superfini)

2 jaja, lagano tučena

8 unci/2 šalice/225 g glatkog brašna (višenamjenskog)

1 unca/25 g/¼ šalice sjemenki kumina

5 ml/1 žličica praška za pecivo

Prstohvat soli

45 ml/3 žlice mlijeka

Miksajte maslac ili margarin i šećer dok ne postanu svijetli i pjenasti. Postupno dodajte jaja, zatim dodajte brašno, kim, prašak za pecivo i sol. Dodajte toliko mlijeka da dobijete tekuću konzistenciju. Izlijte u podmazan i obložen kalup za tortu od 18 cm/7 cm i pecite u prethodno zagrijanoj pećnici na 200°C/400°F/razina 6 1 sat dok ne postane elastičan na dodir i počne se skupljati na rubu. Od kutije

Spice Cake

Čini prsten od 23 cm/9 inča

1 jabuka, oguljena, izrezana i naribana

30 ml/2 žlice soka od limuna

8 oz/25 g/1 šalica blagog smeđeg šećera

5 ml/1 žličica mljevenog đumbira

5 ml/1 žličica mljevenog cimeta

2,5 ml/½ žličice mljevene mješavine začina (pita od jabuka)

8 oz/225 g/2/3 šalice zlatnog sirupa (svijetli kukuruz)

250 ml/8 unci/1 šalica ulja

10 ml/2 žličice praška za pecivo

400 g/3½ šalice glatkog brašna (višenamjenskog).

10 ml/2 žličice sode bikarbone (natrij bikarbona)

250 ml/8 tečnih oz/1 šalica jako toplog čaja

1 razmućeno jaje

Šećer u prahu (konditorski) prosijani za posipanje

Pomiješajte sok od jabuke i limuna. Dodajte šećer i začine, zatim sirup i ulje. U brašno dodajte prašak za pecivo, a u vrući čaj sodu bikarbonu. Naizmjenično ih umiješati u smjesu, pa dodati jaje. Izlijte u podmazan i obložen kalup za tortu od 23 cm i pecite u prethodno zagrijanoj pećnici na 180°C/350°F/razina plina 4 1 sat dok ne postane elastičan na dodir. Ostavite da se hladi u kalupu 10 minuta, zatim preokrenite na rešetku da se do kraja ohladi. Poslužite posipano šećerom u prahu.

Pikantni kolač

Pravi tortu od 23 cm/9 inča

100g/4oz/½ šalice maslaca ili margarina, omekšalog

100g/4oz/½ šalice granuliranog šećera

100g/4oz/½ šalice blagog smeđeg šećera

2 razmućena jaja

1 ½ šalice/175 g glatkog brašna (višenamjenskog)

5 ml/1 žličica praška za pecivo

5 ml/1 žličica mljevenog cimeta

2,5 ml/½ žličice sode bikarbone (natrij bikarbona)

2,5 ml/½ žličice mljevene mješavine začina (pita od jabuka)

Prstohvat soli

200 ml/7 oz/samo 1 šalica konzerviranog evaporiranog mlijeka

Glazura od limunovog maslaca

Izradite maslac ili margarin i šećer dok ne postane svijetlo i pjenasto. Postupno umiješajte jaja, zatim dodajte suhe sastojke i evaporirano mlijeko i miješajte dok smjesa ne postane glatka. Podijelite kolač u dva namaščena i obložena kalupa za torte 9/23 cm i pecite u prethodno zagrijanoj pećnici na 180°C/350°F/razina plina 4 30 minuta dok ne postane elastičan na dodir. Ostavite da se ohladi, a zatim napunite glazurom od limunovog maslaca.

Kolač od šećera s cimetom

Pravi tortu od 23 cm/9 inča

1 ½ šalice/175 g samodizajućeg brašna

10 ml/2 žličice praška za pecivo

Prstohvat soli

6 unci/175 g/¾ šalice granuliranog šećera (superfinog)

2 oz/50 g/¼ šalice maslaca ili margarina, otopljenog

1 jaje, lagano tučeno

120 ml/4 unce/½ šalice mlijeka

2,5 ml/½ žličice esencije vanilije (ekstrakt)

Za naslovnicu:

2 oz/50 g/¼ šalice maslaca ili margarina, otopljenog

2 oz/50 g/¼ šalice blagog smeđeg šećera

2,5 ml/½ žličice mljevenog cimeta

Tucite sve sastojke za kolač dok smjesa ne postane glatka i dobro izmiješana. Izlijte u maslacem premazani kalup za tortu od 23 cm i pecite u prethodno zagrijanoj pećnici na 180°C/350°F/plin oznaka 4 25 minuta dok ne porumeni. Vrući kolač premažite maslacem. Pomiješajte šećer i cimet i pospite po vrhu. Kolač vratite u pećnicu na još 5 minuta.

Viktorijanska čajna torta

Pravi tortu od 20 cm/8 inča

8 unci/225 g/1 šalica maslaca ili margarina, omekšalog

8 unci/225 g/1 šalica granuliranog šećera (superfinog)

8 oz/225 g/2 šalice samodižućeg brašna

¼ šalice/1 unca/25 g kukuruznog brašna (kukuruzni škrob)

30 ml/2 žlice sjemenki kumina

5 jaja, odvojenih

Šećer u prahu za posipanje

Miksajte maslac ili margarin i šećer dok ne postanu svijetli i pjenasti. Dodajte brašno, kukuruznu krupicu i sjemenke kima. Istucite žumanjke, pa ih dodajte u smjesu. Od bjelanjaka istucite čvrsti snijeg pa ga metalnom žlicom lagano umiješajte u smjesu. Izliti u maslacem namazan i obložen kalup za torte od 20 cm i posuti šećerom. Pecite u prethodno zagrijanoj pećnici na 180°C/350°F/razina plina 4 1 sat i 30 minuta dok ne porumene i počnu se skupljati na stranicama lima.

Sve u jednom voćnom kolaču

Pravi tortu od 20 cm/8 inča

¾ šalice/6 unci/175 g maslaca ili margarina, omekšalog

6 unci/175 g/¾ šalice blagog smeđeg šećera

3 jaja

15 ml/1 žlica zlatnog sirupa (svijetli kukuruz)

4 oz/100 g/½ šalice kandiranih višanja (ušećerenih)

100g/4oz/2/3 šalice grožđica (zlatne grožđice)

100g/4oz/2/3 šalice grožđica

8 oz/225 g/2 šalice samodižućeg brašna

10 ml/2 žličice mljevene mješavine začina (pita od jabuka)

Stavite sve sastojke u zdjelu i miješajte dok se dobro ne sjedine ili ih promiješajte kuhačom. Izlijte u namašćen i obložen kalup za torte promjera 20 cm i pecite u prethodno zagrijanoj pećnici na 160°C/plinska oznaka 3 1 sat i 30 minuta dok čačkalica zabodena u sredinu ne izađe čista. Ostavite u kalupu 5 minuta, zatim preokrenite na rešetku da se potpuno ohladi.

Sve u jednom voćnom kolaču

Pravi tortu od 20 cm/8 inča

12 oz/350 g/2 šalice trail mix (mješavina za voćni kolač)

100g/4oz/½ šalice maslaca ili margarina

100g/4oz/½ šalice blagog smeđeg šećera

150 ml/¼ žlice/2/3 šalice vode

2 velika jaja, istučena

8 oz/225 g/2 šalice samodižućeg brašna

5 ml/1 žličica. 1/2 žličice mljevene mješavine začina (pita od jabuka)

U lonac stavite voće, maslac ili margarin, šećer i vodu, zakuhajte i kuhajte 15 minuta. Neka se ohladi. Dodajte žlice jaja naizmjenično s brašnom i mješavinom začina i dobro promiješajte. Izlijte u maslacem namazan kalup za torte od 20 cm i pecite u prethodno zagrijanoj pećnici na 140°C/275°F/razina 1 1 sat - 1 sat i 30 minuta dok čačkalica zabodena u sredinu ne izađe čista.

Australski voćni kolač

Pravi kolač od 2 lb/900 g

100g/4oz/½ šalice maslaca ili margarina

8 oz/225 g/1 šalica blagog smeđeg šećera

250 ml/8 tečnih oz/1 šalica vode

12 oz/350 g/2 šalice trail mix (mješavina za voćni kolač)

5 ml/1 žličica sode bikarbone (natrij bikarbona)

10 ml/2 žličice mljevene mješavine začina (pita od jabuka)

5 ml/1 žličica mljevenog đumbira

100 g/1 šalica brašna koje se samo diže

1 šalica/4 unce/100 g glatkog brašna (višenamjenskog)

1 razmućeno jaje

U loncu zakuhajte sve sastojke osim brašna i jaja. Maknite s vatre i ostavite da se ohladi. Pomiješajte brašno i jaje. Stavite smjesu u podmazan i obložen kalup za kruh od 900 g i pecite u prethodno zagrijanoj pećnici na 160°C/325°F/razina plina 3 1 sat dok se dobro ne digne i dok se čačkalica ne zabode u sredinu. izaći čist

Bogata americka pita

Pravi tortu 10/25 cm

225 g/8 unci/11/3 šalice crvenog ribiza

4 oz/100 g/1 šalica blanširanih badema

15 ml/1 žlica vode od cvijeta naranče

45 ml/3 žlice suhog šerija

1 veliki žumanjak

2 jaja

12 oz/350 g/1½ šalice maslaca ili margarina, omekšalog

6 unci/175 g/¾ šalice granuliranog šećera (superfinog)

Prstohvat mljevene mase

Prstohvat mljevenog cimeta

Prstohvat mljevenog klinčića

Prstohvat mljevenog đumbira

Prstohvat naribanog muškatnog oraščića

30 ml/2 žlice konjaka

8 unci/2 šalice/225 g glatkog brašna (višenamjenskog)

2 oz/50 g/½ šalice nasjeckane miješane korice (kandirane)

Ribiz potopite u vruću vodu 15 minuta, zatim dobro ocijedite. Sameljite bademe s vodom od narančinog cvijeta i 15 ml/1 žlicom šerija dok ne budu fini. Istucite žumanjak i jaja. Pjenasto izradite maslac ili margarin i šećer, zatim dodajte smjesu od badema i jaja i tucite dok ne postane gusto i ne pobijeli. Dodajte začine, preostali šeri i brendi. Dodajte brašno, zatim umiješajte ribizle i izmiješanu koricu. Izlijte u maslacem namazan kalup za tortu promjera 25 cm i pecite u prethodno zagrijanoj pećnici na 180°C/plinska oznaka 4 oko 1 sat dok čačkalica zabodena u sredinu ne izađe čista.

Voćni kolač od rogača

Pravi tortu od 18 cm/7 inča

1 lb/450 g/22/3 šalice grožđica

300 ml/½ pt/1¼ šalice soka od naranče

¾ šalice/6 unci/175 g maslaca ili margarina, omekšalog

3 jaja, lagano tučena

8 unci/2 šalice/225 g glatkog brašna (višenamjenskog)

3 unce/75 g/¾ šalice rogača u prahu

10 ml/2 žličice praška za pecivo

ribana korica 2 naranče

50 g/½ šalice nasjeckanih oraha

Grožđice preko noći namočite u soku od naranče. Miksajte maslac ili margarin i jaja dok ne postane glatko. Postupno dodajte grožđice, sok od naranče i ostale sastojke. Izlijte u podmazan i obložen kalup za tortu od 18 cm i pecite u prethodno zagrijanoj pećnici na 180°C/350°F/plinska oznaka 4 30 minuta, zatim smanjite temperaturu pećnice na 160°C/325°F/termostat 3 još jedno vrijeme. 1 sat i 15 minuta dok čačkalica zabodena u sredinu ne izađe čista. Ostavite da se ohladi u limu 10 minuta prije nego što je okrenete na rešetku da se dovrši hlađenje.

Voćni kolač od kave

Pravi tortu 10/25 cm

450 g/1 funta/2 šalice granuliranog šećera (superfini)

450 g/1 lb/2 šalice datulja bez koštica, nasjeckanih

1 lb/450 g/22/3 šalice grožđica

1 lb/450 g/22/3 šalice grožđica (zlatne grožđice)

4 oz/100 g/½ šalice kandiranih (ušećerenih) trešanja, nasjeckanih

4 oz/100 g/1 šalica nasjeckanih miješanih orašastih plodova

450 ml/¾ šalice/2 šalice jake crne kave

120 ml/4 unce/½ šalice ulja

100 g/4 oz/1/3 šalice zlatnog sirupa (svijetli kukuruz)

10 ml/2 žličice mljevenog cimeta

5 ml/1 žličica naribanog muškatnog oraščića

Prstohvat soli

10 ml/2 žličice sode bikarbone (natrij bikarbona)

15 ml/1 žlica vode

2 jaja, lagano tučena

450 g/1 funta/4 šalice glatkog brašna (višenamjenskog)

120 ml/4 fl oz/½ šalice šerija ili brendija

Zakuhajte sve sastojke osim sode bikarbone, vode, jaja, brašna i šerija ili brendija u loncu s debelim dnom. Kuhajte 5 minuta uz stalno miješanje, zatim maknite s vatre i ostavite da se ohladi.

Pomiješajte sodu bikarbonu s vodom i dodajte u voćnu smjesu s jajima i brašnom. Izlijte u podmazan i obložen kalup za pečenje (kalup) 25cm/10cm i zavežite duplim slojem (voštanog) papira za pečenje izvana da stane na vrh kalupa. Pecite u prethodno zagrijanoj pećnici na 160°C/325°F/plinska oznaka 3 1 sat. Smanjite temperaturu pećnice na 150°C/300°F/razina plina 2 i pecite još sat vremena. Smanjite temperaturu pećnice na 140°C/275°F/razina plina 1 i pecite treći sat. Ponovno smanjite temperaturu pećnice na 120°C/plin ½ i pecite zadnjih sat vremena, prekrijte vrh kolača papirom za pečenje ako počne previše rumeniti. Kad je kuhano, zabodite čačkalicu u sredinu,

Cornish težak kolač

Pravi kolač od 2 lb/900 g

12 oz/350 g/3 šalice glatkog brašna (višenamjenskog).

2,5 ml/½ žličice soli

¾ šalice/6 oz/175 g masti (biljna mast)

3 unce/75 g/1/3 šalice granuliranog šećera (superfinog)

175 g/6 unci/1 šalica crvenog ribiza

Malo nasjeckane miješane (ušećerene) kore (po želji)

Oko 150 ml/¼ pt/2/3 šalice mlijeka i vode pomiješano

1 razmućeno jaje

U zdjelu stavite brašno i sol pa ga trljajte sa svinjskom mašću dok ne dobijete smjesu koja podsjeća na krušne mrvice. Dodajte preostale suhe sastojke. Postupno dodajte toliko mlijeka i vode da dobijete čvrsto tijesto. Neće trajati dugo. Rasporediti u podmazan pleh (biskvit) na oko 1/2 cm debljine. Glazirati razmućenim jajetom. Vrhom noža nacrtajte križni uzorak na vrhu. Pecite u prethodno zagrijanoj pećnici na 160°C/325°F/plinska oznaka 3 oko 20 minuta dok ne porumene. Ostaviti da se ohladi pa rezati na kvadrate.

Kolač od ribiza

Pravi tortu od 23 cm/9 inča

8 oz/225 g/1 šalica maslaca ili margarina

300 g/1½ šalice granuliranog šećera (superfini)

Prstohvat soli

100 ml/3½ fl oz/6½ žlica kipuće vode

3 jaja

400 g/3½ šalice glatkog brašna (višenamjenskog).

175 g/6 unci/1 šalica crvenog ribiza

2 oz/50 g/½ šalice nasjeckane miješane korice (kandirane)

100 ml/3½ fl oz/6½ žlica hladne vode

15 ml/1 žlica praška za pecivo

U zdjelu stavite maslac ili margarin, šećer i sol, prelijte kipućom vodom i ostavite da odstoji dok ne omekša. Brzo tucite dok smjesa ne postane glatka i kremasta. Dodavati malo po malo jaja, zatim brašno, grožđice i koricu razmućenu naizmjenično s hladnom vodom. Dodajte kvasac. Smjesu izlijte u maslacem namazan kalup za torte promjera 23 cm i pecite u prethodno zagrijanoj pećnici na 180°C/350°F/plinska razina 4 30 minuta. Smanjite temperaturu pećnice na 150°C/300°F/razina plina 2 i pecite još 40 minuta dok čačkalica zabodena u sredinu ne izađe čista. Ostavite da se ohladi u kalupu 10 minuta prije nego što ga izvadite iz kalupa da se potpuno ohladi na rešetki.

tamni voćni kolač

Pravi tortu 10/25 cm

8 oz/225 g/1 šalica nasjeckanog miješanog voća (kandiranog)

12 oz/350 g/2 šalice datulja bez koštica, nasjeckanih

8 unci/11/3 šalice/225 g grožđica

225 g/1 šalica kandiranih višanja, nasjeckanih

100 g/4 oz/½ šalice kandiranog ananasa (glaziranog), nasjeckanog

4 oz/100 g/1 šalica nasjeckanih miješanih orašastih plodova

8 unci/2 šalice/225 g glatkog brašna (višenamjenskog)

5 ml/1 žličica sode bikarbone (natrij bikarbona)

5 ml/1 žličica mljevenog cimeta

2,5 ml/½ žličice pimenta

1,5 ml/¼ žličice mljevenog klinčića

1,5 ml/¼ žličice soli

8 oz/225 g/1 šalica masti (povrće)

8 oz/225 g/1 šalica blagog smeđeg šećera

3 jaja

6 unci/175 g/½ šalice crne melase (melase)

2,5 ml/½ žličice esencije vanilije (ekstrakt)

120 ml/4 unce/½ šalice mlaćenice

Pomiješajte voće i orašaste plodove. Pomiješajte brašno, sodu bikarbonu, začine i sol te dodajte 50 g/2 oz/½ šalice voću. Tucite mast i šećer dok ne postanu svijetli i pjenasti. Dodajte jaja malo po malo, dobro umutiti nakon svakog dodavanja. Dodajte melasu i aromu vanilije. Dodajte mlaćenicu naizmjenično u preostalu smjesu brašna i tucite dok smjesa ne postane glatka. Dodajte voće. Izlijte u podmazan i obložen kalup za kruh promjera 25 cm/10 cm i pecite u prethodno zagrijanoj pećnici na 140°C/275°F/plinska oznaka 1 2,5 sata dok čačkalica zabodena u sredinu ne izađe čista. Ostavite da se hladi u kalupu 10 minuta, zatim preokrenite na rešetku da se do kraja ohladi.

režite i okrenite kolač

Pravi tortu od 20 cm/8 inča

10 unci/12/3 šalice mješavine za tragove (mješavina za voćni kolač)

100g/4oz/½ šalice maslaca ili margarina

150 ml/¼ žlice/2/3 šalice vode

1 razmućeno jaje

8 unci/2 šalice/225 g glatkog brašna (višenamjenskog)

Prstohvat soli

100 g/4 oz/½ šalice granuliranog šećera (superfini)

Stavite voće, maslac ili margarin i vodu u lonac i kuhajte na laganoj vatri 20 minuta. Neka se ohladi. Dodajte jaje, pa postupno dodajte brašno, sol i šećer. Izlijte u maslacem namazan kalup za tortu od 20 cm i pecite u prethodno zagrijanoj pećnici na 160°C/325°F/razina plina 3 1 sat i 30 minuta dok čačkalica zabodena u sredinu ne izađe čista.

Dundee torta

Pravi tortu od 20 cm/8 inča

8 unci/225 g/1 šalica maslaca ili margarina, omekšalog

8 unci/225 g/1 šalica granuliranog šećera (superfinog)

4 velika jaja

8 unci/2 šalice/225 g glatkog brašna (višenamjenskog)

Prstohvat soli

12 oz/350 g/2 šalice crvenog ribiza

12 oz/350 g/2 šalice grožđica (zlatne grožđice)

6 oz/175 g/1 šalica miješane korice (kandirane), nasjeckane

4 oz/100 g/1 šalica kandiranih višanja, na četvrtine

naribana korica ½ limuna

2 oz/50 g cijelih badema, blanširanih

Istucite maslac i šećer dok ne posvijetle i postanu blijede. Dodajte jedno po jedno jaje, dobro tučeći između svakog dodavanja. Dodajte brašno i sol. Dodajte voće i koricu limuna. Nasjeckajte pola badema i dodajte ih smjesi. Ulijte u podmazan i obložen kalup za torte 8cm/8cm i zavežite trakom smeđeg papira oko vanjske strane kalupa tako da bude oko 2cm/5cm viši od kalupa. Bademe ostavljene sa strane zdrobite i rasporedite u koncentrične krugove po kolaču. Pecite u prethodno zagrijanoj pećnici na 150°C/300°F/razina plina 2 3,5 sata dok čačkalica zabodena u sredinu ne izađe čista. Provjerite nakon 2h30 i ako kolač počne previše tamniti na površini,

Noćna voćna torta bez jaja

Pravi tortu od 20 cm/8 inča

2 oz/50 g/¼ šalice maslaca ili margarina

8 oz/225 g/2 šalice samodižućeg brašna

5 ml/1 žličica sode bikarbone (natrij bikarbona)

5 ml/1 žličica naribanog muškatnog oraščića

5 ml/1 žličica. 1/2 žličice mljevene mješavine začina (pita od jabuka)

Prstohvat soli

8 unci/11/3 šalice mješavine za tragove (mješavina za voćni kolač)

100g/4oz/½ šalice blagog smeđeg šećera

250 ml/8 unci/1 šalica mlijeka

Utrljajte maslac ili margarin s brašnom, sodom bikarbonom, začinima i soli dok smjesa ne podsjeća na krušne mrvice. Pomiješajte voće i šećer pa dodajte mlijeko dok se svi sastojci dobro ne sjedine. Pokrijte i ostavite da odstoji preko noći.

Smjesu izlijte u namašćen i obložen kalup za tortu od 20 cm i pecite u prethodno zagrijanoj pećnici na 180°C/plin 4 1 ¾ sata dok čačkalica zabodena u sredinu ne izađe čista.

nepogrešiv voćni kolač

Pravi tortu od 23 cm/9 inča

8 oz/225 g/1 šalica maslaca ili margarina

7 unci/200 g/samo 1 šalica granuliranog šećera (superfinog)

175 g/6 unci/1 šalica crvenog ribiza

6 oz/175 g/1 šalica grožđica (zlatne grožđice)

2 oz/50 g/½ šalice nasjeckane miješane korice (kandirane)

75 g/3 unce/½ šalice datulja bez koštica, nasjeckanih

5 ml/1 žličica sode bikarbone (natrij bikarbona)

200 ml/7 tečnih oz/samo 1 šalica vode

2 oz/75 g/¼ šalice kandiranih višanja, nasjeckanih

4 oz/100 g/1 šalica nasjeckanih miješanih orašastih plodova

60 ml/4 žlice konjaka ili šerija

11 unci/300 g/2¾ šalice glatkog brašna (višenamjenskog).

5 ml/1 žličica praška za pecivo

Prstohvat soli

2 jaja, lagano tučena

Rastopite maslac ili margarin pa dodajte šećer, ribizle, grožđice, izmiješane korice i datulje. Pomiješajte sodu bikarbonu s malo vode i dodajte mješavinu voća s preostalom vodom. Pustite da zavrije, pa kuhajte 20 minuta uz povremeno miješanje. Pokrijte i ostavite da odstoji preko noći.

Namastite i obložite kalup za tortu od 9 inča/23 cm i pričvrstite dvostruki sloj papira za pečenje (voštanog) ili smeđeg papira kako bi odgovarao vrhu kalupa. U smjesu dodajte ušećerene višnje, orahe i brandy ili sherry, zatim dodajte brašno, prašak za pecivo i sol. Dodajte jaja. Ulijte u pripremljeni kalup za tart i pecite u prethodno zagrijanoj pećnici na 160°C/325°F/plinska razina 3 1 sat. Smanjite temperaturu pećnice na 140°C/275°F/razina plina 1 i pecite još sat vremena. Ponovno smanjite temperaturu pećnice na 120°C/250°F/½ plina i pecite još sat vremena dok čačkalica zabodena u sredinu ne izađe čista. Ako previše potamni, pred kraj pečenja pokrijte vrh torte krugom od papira za pečenje ili papirom za pečenje.

Voćni kolač od đumbira

Pravi tortu od 18 cm/7 inča

100g/4oz/½ šalice maslaca ili margarina, omekšalog

100 g/4 oz/½ šalice granuliranog šećera (superfini)

2 jaja, lagano tučena

30 ml/2 žlice mlijeka

8 oz/225 g/2 šalice samodižućeg brašna

5 ml/1 žličica praška za pecivo

10 ml/2 žličice mljevene mješavine začina (pita od jabuka)

5 ml/1 žličica mljevenog đumbira

100g/4oz/2/3 šalice grožđica

100g/4oz/2/3 šalice grožđica (zlatne grožđice)

Miksajte maslac ili margarin i šećer dok ne postanu svijetli i pjenasti. Postupno dodavati jaja i mlijeko, pa brašno, kvasac i začine, na kraju voće. Smjesu izlijte u podmazan i obložen kalup za torte promjera 18 cm/7 cm i pecite u prethodno zagrijanoj pećnici na 160°C/325°F/plinska oznaka 3 1 sat i 15 minuta dok ne naraste i ne porumeni.

Voćni kolač sa divljim medom

Pravi tortu od 20 cm/8 inča

6 unci/175 g/2/3 šalice maslaca ili margarina, omekšalog

175 g/6 oz/½ šalice svijetlog meda

ribana korica 1 limuna

3 jaja, lagano tučena

8 unci/2 šalice/225 g integralnog pšeničnog brašna (cjelovito pšenično)

10 ml/2 žličice praška za pecivo

5 ml/1 žličica. 1/2 žličice mljevene mješavine začina (pita od jabuka)

100g/4oz/2/3 šalice grožđica

100g/4oz/2/3 šalice grožđica (zlatne grožđice)

100 g crvenog ribiza

1/3 šalice/2 oz/50 g gotovih suhih marelica, nasjeckanih

1/3 šalice/2 oz/50 g nasjeckane miješane (ušećerene) korice

1 unca/25 g/¼ šalice nasjeckanih badema

1 unca/25 g/¼ šalice badema

Izradite maslac ili margarin, med i koricu limuna dok ne postane svijetlo i pjenasto. Dodavati malo po malo jaja, pa brašno, prašak za pecivo i mješavinu začina. Dodajte voće i nasjeckane bademe. Izlijte u maslacem namazan i obložen kalup za tortu promjera 8/20 cm i u sredini napravite udubinu. Rasporedite bademe po cijelom gornjem rubu torte. Pecite u prethodno zagrijanoj pećnici na 160°C/325°F/razina plina 3 2-2,5 sata dok čačkalica zabodena u sredinu ne izađe čista. Ako previše potamni, pred kraj pečenja prekrijte vrh kolača (voštanim) papirom za pečenje. Ostavite da se ohladi u kalupu 10 minuta prije nego što ga izvrnete na rešetku da se potpuno ohladi.

Genovska torta

Pravi tortu od 23 cm/9 inča

8 unci/225 g/1 šalica maslaca ili margarina, omekšalog

100 g/4 oz/½ šalice granuliranog šećera (superfini)

4 jaja, odvojena

5 ml/1 žličica esencije badema (ekstrakt)

5 ml/1 žličica naribane narančine korice

8 oz/225 g/11/3 šalice nasjeckanih grožđica

100g/4oz/2/3 šalice nasjeckanog crvenog ribiza

4 oz/100 g/2/3 šalice grožđica (zlatne grožđice), nasjeckane

2 oz/50 g/¼ šalice kandiranih višanja, nasjeckanih

1/3 šalice/2 oz/50 g nasjeckane miješane (ušećerene) korice

4 oz/100 g/1 šalica nasjeckanih badema

1 unca/25 g/¼ šalice badema

12 oz/350 g/3 šalice glatkog brašna (višenamjenskog).

10 ml/2 žličice praška za pecivo

5 ml/1 žličica mljevenog cimeta

Umutiti maslac ili margarin i šećer pa dodati žumanjke, esenciju badema i koricu naranče. Pomiješajte voće i orašaste plodove s malo brašna dok ne budu pokriveni, zatim dodajte žlice brašna, prašak za pecivo i cimet, naizmjenično sa žlicama voćne smjese dok se dobro ne sjedini. Od bjelanjaka istucite čvrsti snijeg pa ih dodajte u smjesu. Izlijte u podmazan i obložen kalup za torte 9/23 cm i pecite u prethodno zagrijanoj pećnici na 190°C/375°F/plinska oznaka 5 30 minuta, zatim smanjite temperaturu pećnice na 160°C/325°F. /termostat 3 još sat i 30 minuta dok ne postane elastičan na dodir i dok čačkalica zabodena u sredinu ne izađe čista. Ostavite da se ohladi u kalupu.

torta od smrznutog voća

Pravi tortu od 23 cm/9 inča

8 unci/225 g/1 šalica maslaca ili margarina, omekšalog

8 unci/225 g/1 šalica granuliranog šećera (superfinog)

4 jaja, lagano tučena

45 ml/3 žlice konjaka

9 unci/1¼ šalice/250 g glatkog brašna (višenamjenskog)

2,5 ml/½ žličice praška za pecivo

Prstohvat soli

225 g/1 šalica kandiranog (ušećerenog) voća kao što su trešnje, ananas, naranče, smokve, narezane

100g/4oz/2/3 šalice grožđica

100g/4oz/2/3 šalice grožđica (zlatne grožđice)

75 g/3 unce/½ šalice crvenog ribiza

50 g/½ šalice nasjeckanih miješanih orašastih plodova

ribana korica 1 limuna

Miksajte maslac ili margarin i šećer dok ne postanu svijetli i pjenasti. Postupno dodajte jaja i konjak. U drugoj posudi pomiješajte preostale sastojke dok voće ne bude dobro obloženo brašnom. Dodajte smjesu i dobro promiješajte. Izlijte u maslacem namazan kalup za tortu od 23 cm i pecite u prethodno zagrijanoj pećnici na 180°C/350°F/plinska oznaka 4 30 minuta. Smanjite temperaturu pećnice na 150°C/300°F/razina plina 3 i pecite još 50 minuta dok čačkalica zabodena u sredinu ne izađe čista.

Voćna torta sa Guinnessom

Pravi tortu od 23 cm/9 inča

8 oz/225 g/1 šalica maslaca ili margarina

8 oz/225 g/1 šalica blagog smeđeg šećera

300 ml/½ pt/1¼ šalice Guinnessa ili stouta

8 unci/11/3 šalice/225 g grožđica

225 g/8 unci/11/3 šalice grožđica (zlatne grožđice)

225 g/8 unci/11/3 šalice crvenog ribiza

4 oz/100 g/2/3 šalice nasjeckane miješane (kandirane) korice

550 g/1¼ lb/5 šalica glatkog brašna (višenamjenskog)

2,5 ml/½ žličice sode bikarbone (natrij bikarbona)

5 ml/1 žličica. 1/2 žličice mljevene mješavine začina (pita od jabuka)

2,5 ml/½ žličice naribanog muškatnog oraščića

3 jaja, lagano tučena

Maslac ili margarin, šećer i Guinness zakuhajte u loncu na laganoj vatri, miješajući dok se dobro ne sjedine. Dodajte voće i izmiješane kore, zakuhajte i kuhajte 5 minuta. Maknite s vatre i ostavite da se ohladi.

Pomiješajte brašno, sodu bikarbonu i začine te u sredini napravite udubinu. Dodajte smjesu svježeg voća i jaja i miješajte dok se dobro ne sjedini. Izlijte u namašćen i obložen kalup za torte promjera 23 cm i pecite u prethodno zagrijanoj pećnici na 160°C/plin 3 2 sata dok čačkalica zabodena u sredinu ne izađe čista. Ostavite da se hladi u kalupu 20 minuta pa preokrenite na rešetku da se potpuno ohladi.

Pita od mljevenog mesa

Pravi tortu od 20 cm/8 inča

8 oz/225 g/2 šalice samodižućeg brašna

12 oz/350 g/2 šalice mljevene govedine

½ šalice/3 oz/75 g trail mix (mješavina za voćni kolač)

3 jaja

5 oz/150 g/2/3 šalice mekog margarina

5 oz/150 g/2/3 šalice blagog smeđeg šećera

Pomiješajte sve sastojke dok se dobro ne sjedine. Izlijte u podmazan i obložen kalup za tortu od 20 cm i pecite u prethodno zagrijanoj pećnici na 160°C/325°F/plinska oznaka 3 1 sat i 30 minuta dok dobro ne naraste i postane čvrst na dodir.

Voćni kolač sa zobenim pahuljicama i marelicama

Pravi tortu od 20 cm/8 inča

¾ šalice/6 unci/175 g maslaca ili margarina, omekšalog

2 oz/50 g/¼ šalice blagog smeđeg šećera

30 ml/2 žlice svijetlog meda

3 razmućena jaja

¼ šalice/6 unci/175 g integralnog brašna (cjelovito pšenično)

50g/2oz/½ šalice zobenog brašna

10 ml/2 žličice praška za pecivo

9 unci/1½ šalice/250 g mješavine za kolač (mješavina za voćni kolač)

1/3 šalice/2 oz/50 g gotovih suhih marelica, nasjeckanih

ribana korica i sok od 1 limuna

Umutite maslac ili margarin i šećer s medom dok ne postanu svijetli i pjenasti. Polako umutite jaja naizmjenično s brašnom i kvascem. Dodajte sušeno voće, limunov sok i koricu. Izlijte u maslacem namazan i obložen kalup za torte promjera 20 cm i pecite u prethodno zagrijanoj pećnici na 180°C/plin 4 1 sat. Smanjite temperaturu pećnice na 160°C/325°F/razina plina 3 i pecite još 30 minuta dok čačkalica zabodena u sredinu ne izađe čista. Prekrijte površinu papirom za pečenje ako kolač prebrzo počne tamniti.

Noćna voćna torta

Pravi tortu od 20 cm/8 inča

450 g/1 funta/4 šalice glatkog brašna (višenamjenskog)

225 g/8 unci/11/3 šalice crvenog ribiza

225 g/8 unci/11/3 šalice grožđica (zlatne grožđice)

8 oz/225 g/1 šalica blagog smeđeg šećera

1/3 šalice/2 oz/50 g nasjeckane miješane (ušećerene) korice

¾ šalice/6 oz/175 g masti (biljna mast)

15 ml/1 žlica zlatnog sirupa (svijetli kukuruz)

10 ml/2 žličice sode bikarbone (natrij bikarbona)

15 ml/1 žlica mlijeka

300 ml/½ pinte/1¼ šalice vode

Pomiješajte brašno, voće, šećer i koricu. Otopite mast i sirup i dodajte ih smjesi. Sodu bikarbonu otopite u mlijeku i dodajte u smjesu za kolač s vodom. Izlijte u maslacem namazan kalup za torte promjera 20 cm, pokrijte i ostavite da se diže preko noći.

Pecite kolač u prethodno zagrijanoj pećnici na 160°C/375°F/razina plina 3 1 sat i 30 minuta dok čačkalica zabodena u sredinu ne izađe čista.

kolač od grožđica i začina

Izrađuje štrucu od 900 g/2 lb

8 oz/225 g/1 šalica blagog smeđeg šećera

300 ml/½ pinte/1¼ šalice vode

100g/4oz/½ šalice maslaca ili margarina

15 ml/1 žlica melase od kakaa (melase)

6 oz/175 g/1 šalica grožđica

5 ml/1 žličica mljevenog cimeta

2,5 ml/½ žličice naribanog muškatnog oraščića

2,5 ml/½ žličice pimenta

8 unci/2 šalice/225 g glatkog brašna (višenamjenskog)

5 ml/1 žličica praška za pecivo

5 ml/1 žličica sode bikarbone (natrij bikarbona)

Otopite šećer, vodu, maslac ili margarin, melasu, grožđice i začine u malom loncu na srednje jakoj vatri uz stalno miješanje. Pustite da zavrije i kuhajte 5 minuta. Maknite s vatre i dodajte preostale sastojke. Smjesu izlijte u namašćen i obložen kalup za kruh od 900 g i pecite u prethodno zagrijanoj pećnici na 180°C/plinska oznaka 4 50 minuta dok čačkalica zabodena u sredinu ne izađe čista.

richmond torta

Pravi tortu od 15 cm/6 inča

8 unci/2 šalice/225 g glatkog brašna (višenamjenskog)

Prstohvat soli

3 oz/75 g/1/3 šalice maslaca ili margarina

100 g/4 oz/½ šalice granuliranog šećera (superfini)

2,5 ml/½ žličice praška za pecivo

100 g crvenog ribiza

2 razmućena jaja

Malo mlijeka

Stavite brašno i sol u zdjelu i utrljajte s maslacem ili margarinom dok smjesa ne bude poput krušnih mrvica. Dodajte šećer, kvasac i grožđice. Dodajte jaja i dovoljno mlijeka da miksate dok ne dobijete gustu smjesu. Prebacite u maslacem namazan i obložen kalup za tortu promjera 15 cm. Pecite u prethodno zagrijanoj pećnici na 190°C/plinska oznaka 5 oko 45 minuta dok čačkalica zabodena u sredinu ne izađe čista. Ostavite da se ohladi na rešetki.

Kolač od šafrana

Pravi dva kolača od 1 lb/450 g

2,5 ml/½ žličice šafranove niti

Topla voda

½ oz/15 g svježeg kvasca ili 4 žlice. žličica/20 ml suhog kvasca

2 funte/8 šalica/900 g glatkog brašna (višenamjenskog)

8 unci/225 g/1 šalica granuliranog šećera (superfinog)

2,5 ml/½ žličice mljevene mješavine začina (pita od jabuka)

Prstohvat soli

100 g/4 oz/½ šalice masti (biljna mast)

100g/4oz/½ šalice maslaca ili margarina

300 ml/½ pt/1¼ šalice toplog mlijeka

12 oz/350 g/2 šalice trail mix (mješavina za voćni kolač)

50 g / 2 oz / 1/3 šalice nasjeckane miješane (kandirane) korice

Nasjeckajte niti šafrana i potopite ih preko noći u 3 žlice/45 ml tople vode.

Kvasac pomiješajte sa 30ml/2 žlice brašna, 5ml/1 žličicom šećera i 75ml/5 žlica tople vode i ostavite na toplom 20 minuta dok ne zapjeni.

Preostalo brašno i šećer pomiješajte sa začinima i soli. Utrljajte mast i maslac ili margarin dok smjesa ne bude poput krušnih mrvica, zatim napravite udubinu u sredini. Dodajte smjesu kvasca, šafran i tekući šafran, toplo mlijeko, voće i miješanu koru te miješajte dok ne postane glatko. Stavite u nauljenu posudu, prekrijte prozirnom folijom (prozirnom folijom) i ostavite na toplom mjestu 3 sata.

Oblikujte dvije pogače, stavite ih u dva namašćena kalupa za pogače od 450 g i pecite u prethodno zagrijanoj pećnici na

220°C/450°F/razina plina 7 40 minuta dok se dobro ne dignu i porumene.

Čvrsta voćna torta

Pravi kolač od 1 lb/450 g

8 unci/2 šalice/225 g glatkog brašna (višenamjenskog)

1,5 ml/¼ žličice soli

Prstohvat sode bikarbone (natrij bikarbona)

2 oz/50 g/¼ šalice maslaca ili margarina

50 g/¼ šalice granuliranog šećera (superfinog)

4 oz/100 g/2/3 šalice trail mix (mješavina za voćni kolač)

150 ml/¼ pt/2/3 šalice kiselog mlijeka ili mlijeka s 5 ml/1 žličica soka od limuna

5 ml/1 žličica melase (melase)

U zdjeli pomiješajte brašno, sol i sodu bikarbonu. Utrljajte maslac ili margarin dok smjesa ne podsjeća na krušne mrvice. Dodajte šećer i voće i dobro promiješajte. Zagrijte mlijeko i melasu dok se melasa ne otopi, zatim dodajte suhim sastojcima i miješajte dok se ne zgusne. Izlijte u podmazan kalup za tortu od 450g/1lb (kampu za pečenje) i pecite u prethodno zagrijanoj pećnici na 190°C/375°F/razina plina 5 oko 45 minuta dok ne porumeni.

brzi voćni kolač

Pravi tortu od 20 cm/8 inča

1 lb/450 g/22/3 šalice miješanih orašastih plodova (mješavina za voćni kolač)

8 oz/225 g/1 šalica blagog smeđeg šećera

100g/4oz/½ šalice maslaca ili margarina

150 ml/¼ žlice/2/3 šalice vode

2 razmućena jaja

8 oz/225 g/2 šalice samodižućeg brašna

Voće, šećer, maslac ili margarin i vodu zakuhajte pa poklopite i kuhajte 15 minuta. Neka se ohladi. Dodajte jaja i brašno pa smjesu izlijte u podmazan i obložen kalup za kruh veličine 8/20 cm i pecite u prethodno zagrijanoj pećnici na 150°C/stupanj 3 1 sat i 30 minuta dok ne porumene. dalje od zidova kutije.

voćni kolač s toplim čajem

Pravi kolač od 2 lb/900 g

1 lb/2 ½ šalice/450 g trail mix (mješavina za voćni kolač)

300 ml/½ pt/1¼ šalice vrućeg crnog čaja

350 g/1¼ šalice blagog smeđeg šećera

10 oz/350 g/2½ šalice samodizajućeg brašna

1 razmućeno jaje

Stavite voće u vrući čaj i ostavite da stoji preko noći. Dodajte šećer, brašno i jaje i izlijte u podmazan i obložen kalup od 900 g. Pecite u prethodno zagrijanoj pećnici na 160°C/325°F/razina plina 3 2 sata dok se dobro ne dignu i porumene.

Hladna torta od voća i čaja

Pravi tortu od 15 cm/6 inča

100g/4oz/½ šalice maslaca ili margarina

8 unci/11/3 šalice mješavine za tragove (mješavina za voćni kolač)

250 ml/8 tečnih oz/1 šalica hladnog crnog čaja

8 oz/225 g/2 šalice samodižućeg brašna

100 g/4 oz/½ šalice granuliranog šećera (superfini)

5 ml/1 žličica sode bikarbone (natrij bikarbona)

1 veliko jaje

U loncu otopite maslac ili margarin, dodajte voće i čaj i zakuhajte. Pustite da kuha 2 minute, a zatim ostavite da se ohladi. Dodajte preostale sastojke i dobro promiješajte. Izlijte u podmazan i obložen kalup za tortu promjera 15 cm/6 cm i pecite u prethodno zagrijanoj pećnici na 160°C/325°F/plinska oznaka 3 1,5 - 1,5 sat dok ne postane čvrst na dodir. Ostavite da se ohladi pa poslužite narezano na ploške i namazano maslacem.

voćni kolač bez šećera

Pravi tortu od 20 cm/8 inča

4 suhe marelice

60 ml/4 žlice soka od naranče

250 ml/8 tečnih oz/1 šalica tamnog piva

100g/4oz/2/3 šalice grožđica (zlatne grožđice)

100g/4oz/2/3 šalice grožđica

2 oz/50 g/¼ šalice crvenog ribiza

2 oz/50 g/¼ šalice maslaca ili margarina

8 oz/225 g/2 šalice samodižućeg brašna

75 g/¾ šalice nasjeckanih miješanih orašastih plodova

10 ml/2 žličice mljevene mješavine začina (pita od jabuka)

5 ml/1 žličica instant kave u prahu

3 jaja, lagano tučena

15 ml/1 žlica konjaka ili viskija

Namočite marelice u sok od naranče dok ne omekšaju pa ih nasjeckajte. U lonac stavite tamno pivo, suho voće i maslac ili margarin, zakuhajte i kuhajte 20 minuta. Neka se ohladi.

Pomiješajte brašno, orahe, začine i kavu. Promiješajte smjesu tamnog piva, jaja i rakije ili viskija. Smjesu izlijte u namašćen i obložen kalup za torte promjera 20 cm i pecite u prethodno zagrijanoj pećnici na 180°C/plinska oznaka 4 20 minuta. Smanjite temperaturu pećnice na 150°C/300°F/razina plina 2 i pecite još 1,5 sat dok čačkalica zabodena u sredinu ne izađe čista. Ako previše potamni, pred kraj pečenja prekrijte površinu (voštanim) papirom za pečenje. Ostavite da se ohladi u kalupu 10 minuta prije nego što ga izvrnete na rešetku da se potpuno ohladi.

voćni kolačići

prije 48 godina

100g/4oz/½ šalice maslaca ili margarina, omekšalog

8 oz/225 g/1 šalica blagog smeđeg šećera

2 jaja, lagano tučena

175 g/6 oz/1 šalica datulja bez koštica, nasjeckanih

50 g/½ šalice nasjeckanih miješanih orašastih plodova

15 ml/1 žlica ribane narančine korice

8 unci/2 šalice/225 g glatkog brašna (višenamjenskog)

5 ml/1 žličica sode bikarbone (natrij bikarbona)

2,5 ml/½ žličice soli

150 ml/¼ pt/2/3 šalice mlaćenice

6 glaziranih (kandiranih) trešanja narezanih na ploške

Narančasta voćna glazura za kolač

Miksajte maslac ili margarin i šećer dok ne postanu svijetli i pjenasti. Umutiti malo po malo jaja. Dodajte datulje, orahe i narančinu koricu. Pomiješajte brašno, sodu bikarbonu i sol. Dodajte u smjesu naizmjenično s mlaćenicom i tucite dok se dobro ne sjedini. Izlijte u maslacem namazane kalupe za muffine veličine 2/5 cm (podloge za muffine) i ukrasite višnjama. Pecite u prethodno zagrijanoj pećnici na 190°C/plinska oznaka 5 20 minuta dok čačkalica zabodena u sredinu ne izađe čista. Prebacite na rešetku i ostavite da se ohladi, a zatim premažite glazurom od naranče.

kolač od voćnog octa

Pravi tortu od 23 cm/9 inča

8 oz/225 g/1 šalica maslaca ili margarina

450 g/1 funta/4 šalice glatkog brašna (višenamjenskog)

225 g/8 unci/11/3 šalice grožđica (zlatne grožđice)

100g/4oz/2/3 šalice grožđica

100 g crvenog ribiza

8 oz/225 g/1 šalica blagog smeđeg šećera

5 ml/1 žličica sode bikarbone (natrij bikarbona)

300 ml/½ pt/1¼ šalice mlijeka

45 ml/3 žlice sladnog octa

Maslac ili margarin utrljajte u brašno dok smjesa ne bude poput krušnih mrvica. Dodajte voće i šećer i napravite udubinu u sredini. Pomiješajte sodu bikarbonu, mlijeko i ocat; smjesa će se zapjeniti. Dodajte suhe sastojke dok se dobro ne sjedine. Smjesu izlijte u podmazan i obložen kalup za torte 9/23 cm i pecite u prethodno zagrijanoj pećnici na 200°C/400°F/plinska oznaka 6 25 minuta. Smanjite temperaturu pećnice na 160°C/325°F/razina plina 3 i pecite još 1,5 sat dok ne postane zlatno smeđe i čvrsto na dodir. Ostavite da se hladi u kalupu 5 minuta, zatim preokrenite na rešetku da se do kraja ohladi.

Virginia viski torta

Pravi kolač od 1 lb/450 g

100g/4oz/½ šalice maslaca ili margarina, omekšalog

50 g/¼ šalice granuliranog šećera (superfinog)

3 jaja, odvojena

1 ½ šalice/175 g glatkog brašna (višenamjenskog)

5 ml/1 žličica praška za pecivo

Prstohvat naribanog muškatnog oraščića

Prstohvat mljevene mase

Drži 120 ml/4 fl oz/½ šalice

30 ml/2 žlice konjaka

4 oz/100 g/2/3 šalice trail mix (mješavina za voćni kolač)

120 ml/4 oz/½ šalice viskija

Tucite maslac i šećer dok ne postane glatko. Izmiksajte žumanjke. Pomiješajte brašno, prašak za pecivo i začine te dodajte u smjesu. Dodajte porto, rakiju i suho voće. Istucite bjelanjke dok ne postanu mekani snijeg pa ih dodajte u smjesu. Izlijte u podmazan kalup za tortu od 450 g i pecite u prethodno zagrijanoj pećnici na 160°C/325°F/razina 3 1 sat dok čačkalica zabodena u sredinu ne izađe čista. Ostavite da se ohladi u kalupu, zatim prelijte tortu viskijem i ostavite u kalupu 24 sata prije rezanja.

Velški voćni tart

Pravi tortu od 23 cm/9 inča

2 oz/50 g/¼ šalice maslaca ili margarina

50 g/¼ šalice masti (biljna mast)

8 unci/2 šalice/225 g glatkog brašna (višenamjenskog)

Prstohvat soli

10 ml/2 žličice praška za pecivo

100g/4oz/½ šalice demerara šećera

6 oz/175 g/1 šalica trail mix (mješavina za voćni kolač)

Naribana korica i sok ½ limuna

1 jaje, lagano tučeno

30 ml/2 žlice mlijeka

Utrljajte maslac ili margarin i mast s brašnom, soli i praškom za pecivo dok smjesa ne bude poput krušnih mrvica. Dodajte šećer, voće, limunovu koricu i sok, zatim dodajte jaje i mlijeko i mijesite dok ne dobijete glatko tijesto. Oblikujte podmazan i obložen kvadratni kalup od 23 cm i pecite u prethodno zagrijanoj pećnici na 200°C/400°F/plinska oznaka 6 20 minuta dok ne nabubri i ne porumeni.

bijeli voćni kolač

Pravi tortu od 23 cm/9 inča

100g/4oz/½ šalice maslaca ili margarina, omekšalog

8 unci/225 g/1 šalica granuliranog šećera (superfinog)

5 jaja, lagano tučenih

12 oz/350 g/2 šalice miješanih orašastih plodova

12 oz/350 g/2 šalice grožđica (zlatne grožđice)

100 g/4 oz/2/3 šalice datulja bez koštica, nasjeckanih

4 oz/100 g/½ šalice kandiranih (ušećerenih) trešanja, nasjeckanih

100 g/4 oz/½ šalice kandiranog ananasa (glaziranog), nasjeckanog

4 oz/100 g/1 šalica nasjeckanih miješanih orašastih plodova

8 unci/2 šalice/225 g glatkog brašna (višenamjenskog)

10 ml/2 žličice praška za pecivo

2,5 ml/½ žličice soli

60 ml/4 žlice soka od ananasa

Miksajte maslac ili margarin i šećer dok ne postanu svijetli i pjenasti. Dodajte jaja malo po malo, dobro umutiti nakon svakog dodavanja. Pomiješajte svo voće, orašaste plodove i malo brašna dok sastojci ne budu dobro obloženi brašnom. U preostalo brašno umiješajte kvasac i sol, zatim umiješajte u smjesu jaja, naizmjenično sa sokom od ananasa, dok smjesa ne postane glatka. Dodajte voće i dobro promiješajte. Izlijte u maslacem namazan i obložen kalup za torte promjera 23 cm i pecite u prethodno zagrijanoj pećnici na 140°C/plinska oznaka 1 oko 2,5 sata dok čačkalica zabodena u sredinu ne izađe čista. Ostavite da se ohladi u kalupu 10 minuta prije nego što ga izvrnete na rešetku da se potpuno ohladi.

pita od jabuka

Pravi tortu od 20 cm/8 inča

1 ½ šalice/175 g samodizajućeg brašna

5 ml/1 žličica praška za pecivo

Prstohvat soli

5 oz/150 g/2/3 šalice maslaca ili margarina

5 unci/150 g/2/3 šalice granuliranog šećera (superfinog)

1 razmućeno jaje

175 ml/6 tečnih oz/¾ šalice mlijeka

3 stolne jabuke (za desert), oguljene, očišćene od jezgre i narezane na ploške

2,5 ml/½ žličice mljevenog cimeta

15 ml/1 žlica svijetlog meda

Pomiješajte brašno, kvasac i sol. Umutite u maslac ili margarin dok smjesa ne bude nalik na prezle, zatim dodajte šećer. Pomiješajte jaje i mlijeko. Smjesu izlijte u namašćen i obložen kalup za torte 8/20 cm i lagano utisnite preko ploški jabuka. Pospite cimetom i pokapajte medom. Pecite u prethodno zagrijanoj pećnici na 200°C/400°F/razina plina 6 45 minuta dok ne porumene i postanu čvrsti na dodir.

Pikantna pita od jabuka s hrskavim preljevom

Pravi tortu od 20 cm/8 inča

3 oz/75 g/1/3 šalice maslaca ili margarina

1 ½ šalice/175 g samodizajućeg brašna

50 g/¼ šalice granuliranog šećera (superfinog)

1 jaje

75 ml/5 žlica vode

3 stolne jabuke (za desert), oguljene, očišćene od koštice i narezane na četvrtine

Za naslovnicu:

3 oz/75 g/1/3 šalice demerara šećera

10 ml/2 žličice mljevenog cimeta

1 unca/25 g/2 žlice maslaca ili margarina

Maslac ili margarin utrljajte u brašno dok smjesa ne bude poput krušnih mrvica. Dodajte šećer, zatim miksajte jaje i vodu dok ne dobijete glatku smjesu. Dodajte malo vode ako je smjesa presuha. Žlicom stavite smjesu u kalup za torte promjera 20 cm i utisnite jabuke u smjesu. Pospite demerara šećerom i cimetom te pokapajte maslacem ili margarinom. Pecite u prethodno zagrijanoj pećnici na 180°C/350°F/plinska oznaka 4 30 minuta dok ne porumene i postanu čvrsti na dodir.

Američka pita od jabuka

Pravi tortu od 20 cm/8 inča

2 oz/50 g/¼ šalice maslaca ili margarina, omekšalog

8 oz/225 g/1 šalica blagog smeđeg šećera

1 jaje, lagano tučeno

5 ml/1 žličica esencije vanilije (ekstrakt)

1 šalica/4 unce/100 g glatkog brašna (višenamjenskog)

2,5 ml/½ žličice praška za pecivo

2,5 ml/½ žličice sode bikarbone (natrij bikarbona)

2,5 ml/½ žličice soli

2,5 ml/½ žličice mljevenog cimeta

2,5 ml/½ žličice naribanog muškatnog oraščića

450 g stolnih (desertnih) jabuka oguljenih, očišćenih od jezgre i narezanih na kockice

1 unca/25 g/¼ šalice nasjeckanih badema

Miksajte maslac ili margarin i šećer dok ne postanu svijetli i pjenasti. Postupno dodajte jaje i aromu vanilije. Pomiješajte brašno, prašak za pecivo, sodu bikarbonu, sol i začine i umutite u glatku smjesu. Dodajte jabuke i orahe. Izlijte u podmazan i obložen četvrtasti lim od 20 cm i pecite u prethodno zagrijanoj pećnici na 180°C/plinska oznaka 4 45 minuta dok čačkalica zabodena u sredinu ne izađe čista.

pita od jabuka

Pravi kolač od 2 lb/900 g

100g/4oz/½ šalice maslaca ili margarina, omekšalog

8 oz/225 g/1 šalica blagog smeđeg šećera

2 jaja, lagano tučena

8 unci/2 šalice/225 g glatkog brašna (višenamjenskog)

5 ml/1 žličica mljevenog cimeta

2,5 ml/½ žličice naribanog muškatnog oraščića

4 oz/100 g/1 šalica kaše od jabuka (umak)

5 ml/1 žličica sode bikarbone (natrij bikarbona)

30 ml/2 žlice vruće vode

Miksajte maslac ili margarin i šećer dok ne postanu svijetli i pjenasti. Malo po malo dodajte jaja. Dodajte brašno, cimet, muškatni oraščić i umak od jabuka. Pomiješajte sodu bikarbonu s vrućom vodom i dodajte u smjesu. Izlijte u maslacem namazan kalup za tortu od 900 g i pecite u prethodno zagrijanoj pećnici na 180°C/350°F/razina plina 4 1 sat i 30 minuta dok čačkalica ubodena u sredinu ne sjedne na mjesto.

torta od jabukovače

Pravi tortu od 20 cm/8 inča

100g/4oz/½ šalice maslaca ili margarina, omekšalog

5 unci/150 g/2/3 šalice granuliranog šećera (superfinog)

3 jaja

8 oz/225 g/2 šalice samodižućeg brašna

5 ml/1 žličica. 1/2 žličice mljevene mješavine začina (pita od jabuka)

5 ml/1 žličica sode bikarbone (natrij bikarbona)

5 ml/1 žličica praška za pecivo

150 ml/¼ pt/2/3 šalice suhog jabukovače

2 jabuke za kuhanje (kisele), oguljene, očišćene od koštica i narezane na ploške

3 oz/75 g/1/3 šalice demerara šećera

4 oz/100 g/1 šalica nasjeckanih miješanih orašastih plodova

Pomiješajte maslac ili margarin, šećer, jaja, brašno, začine, sodu bikarbonu, prašak za pecivo i 120 ml/4 fl oz/½ šalice jabukovače dok se dobro ne sjedini, dodajući ostatak jabukovače po potrebi da dobijete glatko tijesto. Polovicu smjese izlijte u maslacem namazan i obložen kalup za torte 8/20 cm i prekrijte polovicom kriški jabuka. Šećer i orahe pomiješajte i pola raspodijelite po jabukama. Ulijte preostalu smjesu za kolač i nadjenite preostale jabuke i preostalu smjesu šećera i oraha. Pecite u prethodno zagrijanoj pećnici na 180°C/350°F/plinska oznaka 4 1 sat dok ne porumene i postanu čvrsti na dodir.

Kolač od cimeta i jabuka

Pravi tortu od 23 cm/9 inča

100g/4oz/½ šalice maslaca ili margarina

100 g/4 oz/½ šalice granuliranog šećera (superfini)

1 jaje, lagano tučeno

1 šalica/4 unce/100 g glatkog brašna (višenamjenskog)

5 ml/1 žličica praška za pecivo

30 ml/2 žlice mlijeka (po želji)

2 velike jabuke za kuhanje (kisele), oguljene, očišćene od jezgre i narezane na ploške

30 ml/2 žlice šećera u prahu (superfini)

5 ml/1 žličica mljevenog cimeta

1 unca/25 g/¼ šalice nasjeckanih badema

30 ml/2 žlice demerara šećera

Miksajte maslac ili margarin i šećer dok ne postanu svijetli i pjenasti. Dodajte jaje malo po malo, zatim dodajte brašno i kvasac. Smjesa mora biti dosta konzistentna; ako je pretvrdo dodajte malo mlijeka. Polovicu smjese izlijte u maslacem namazan i obložen kalup za torte 9/23 cm s podlogom koja se može odvojiti. Po vrhu rasporedite kriške jabuka. Pomiješajte šećer i cimet i pospite bademe po jabukama. Prekrijte preostalom smjesom za kolače i pospite demerara šećerom. Pecite u prethodno zagrijanoj pećnici na 180°C/350°F/razina plina 4 30-35 minuta dok čačkalica zabodena u sredinu ne izađe čista.

španjolska pita od jabuka

Pravi tortu od 23 cm/9 inča

6 unci/175 g/¾ šalice maslaca ili margarina

6 Cox stolnih (desertnih) jabuka, oguljenih, očišćenih od jezgre i narezanih na četvrtine

30 ml/2 žlice rakije od jabuke

6 unci/175 g/¾ šalice granuliranog šećera (superfinog)

1¼ šalice/5 oz/150 g glatkog brašna (višenamjenskog)

10 ml/2 žličice praška za pecivo

5 ml/1 žličica mljevenog cimeta

3 jaja, lagano tučena

45 ml/3 žlice mlijeka

Za glazuru:

60 ml/4 žlice džema od marelica (čuvanog), procijeđenog (filtriranog)

15 ml/1 žlica rakije od jabuke

5 ml/1 žličica kukuruznog brašna (kukuruzni škrob)

10 ml/2 žličice vode

Otopite maslac ili margarin u velikoj tavi i pržite komadiće jabuke na laganoj vatri 10 minuta, jednom promiješajte da se obliže maslacem. Makni se s vatre. Trećinu jabuka nasjeckajte i dodajte rakiju od jabuke, zatim pomiješajte šećer, brašno, prašak za pecivo i cimet. Dodajte jaja i mlijeko i izlijte smjesu u maslacem namazan i pobrašnjen kalup za torte 9/23 cm. Po vrhu posložite preostale kriške jabuke. Pecite u prethodno zagrijanoj pećnici na 180°C/350°F/razina plina 4 45 minuta dok se dobro ne digne, ne dobije zlatnu boju i ne počne se odvajati od stijenki lima.

Za pripremu glazure zajedno zagrijte pekmez i rakiju. Zapršku od kukuruznog brašna pomiješajte s vodom i pomiješajte s pekmezom i rakijom. Kuhajte nekoliko minuta uz miješanje dok ne postane prozirno. Vrući kolač premažite kistom i ostavite da se hladi 30 minuta. Uklonite stranice kalupa za tortu, ponovno zagrijte glazuru i premažite je drugi put. Neka se ohladi.

Tart od jabuke i sultanije

Pravi tortu od 20 cm/8 inča

12 oz/350 g/3 šalice samodižućeg brašna

Prstohvat soli

2,5 ml/½ žličice mljevenog cimeta

8 oz/225 g/1 šalica maslaca ili margarina

6 unci/175 g/¾ šalice granuliranog šećera (superfinog)

100g/4oz/2/3 šalice grožđica (zlatne grožđice)

450 g jabuka za kuhanje (kiselih), oguljenih, očišćenih od koštice i sitno nasjeckanih

2 jaja

Malo mlijeka

Pomiješajte brašno, sol i cimet pa dodajte maslac ili margarin dok smjesa ne bude poput krušnih mrvica. Dodajte šećer. U sredini napravite udubinu i dodajte grožđice, jabuke i jaja i dobro promiješajte uz po malo dodavanja mlijeka dok ne dobijete gustu smjesu. Izlijte u podmazan kalup za tortu od 20 cm/8 inča i pecite u prethodno zagrijanoj pećnici na 180°C/350°F/plinska oznaka 4 oko 1,5 - 2 sata dok ne postane čvrst na dodir. Poslužite toplo ili hladno.

naopako pita od jabuka

Pravi tortu od 23 cm/9 inča

2 stolne jabuke (za desert), oguljene, očišćene od koštice i narezane na tanke ploške

3 oz/75 g/1/3 šalice blagog smeđeg šećera

45 ml/3 žlice grožđica

30 ml/2 žlice soka od limuna

Za tortu:

1 ¾ šalice/200 g glatkog brašna (višenamjenskog)

50 g/¼ šalice granuliranog šećera (superfinog)

10 ml/2 žličice praška za pecivo

5 ml/1 žličica sode bikarbone (natrij bikarbona)

5 ml/1 žličica mljevenog cimeta

Prstohvat soli

120 ml/4 unce/½ šalice mlijeka

50 g/2 oz/½ šalice pirea od jabuka (umak)

75 ml/5 žlica ulja

1 jaje, lagano tučeno

5 ml/1 žličica esencije vanilije (ekstrakt)

Pomiješajte jabuke, šećer, grožđice i limunov sok i stavite na dno podmazanog kalupa za tortu od 9 inča. Pomiješajte suhe sastojke za kolač i napravite udubinu u sredini. Pomiješajte mlijeko, umak od jabuke, ulje, jaje i aromu vanilije i pomiješajte sa suhim sastojcima dok smjesa ne postane glatka. Ulijte u kalup za torte i pecite u prethodno zagrijanoj pećnici na 180°C/4. stupanj 40 minuta dok kolač ne porumeni i ne odvoji se od stijenki kalupa.

Ostavite da se hladi u kalupu 10 minuta, pa pažljivo preokrenite na tanjur. Poslužite toplo ili hladno.

Kolač od marelice

Izrađuje štrucu od 900 g/2 lb

8 unci/225 g/1 šalica maslaca ili margarina, omekšalog

8 unci/225 g/1 šalica granuliranog šećera (superfinog)

2 jaja, dobro umućena

6 zrelih marelica, bez koštica (koštica), oguljenih i pasiranih

11 unci/300 g/2¾ šalice glatkog brašna (višenamjenskog).

5 ml/1 žličica sode bikarbone (natrij bikarbona)

Prstohvat soli

75 g/¾ šalice nasjeckanih badema

Pjenasto izradite maslac ili margarin i šećer. Umiješajte malo po malo jaja pa dodajte marelice. Umiješajte brašno, sodu bikarbonu i sol. Dodajte orahe. Izlijte u podmazan i pobrašnjen kalup za tortu od 900 g i pecite u prethodno zagrijanoj pećnici na 180°C / 350°F / stupanj plina 4 1 sat dok čačkalica zabodena u sredinu ne izađe čista. Ostavite da se ohladi u kalupu prije nego što ga izvadite.

Torta od marelica i đumbira

Pravi tortu od 18 cm/7 inča

100 g/1 šalica brašna koje se samo diže

100g/4oz/½ šalice blagog smeđeg šećera

10 ml/2 žličice mljevenog đumbira

100g/4oz/½ šalice maslaca ili margarina, omekšalog

2 jaja, lagano tučena

100 g/4 oz/2/3 šalice gotovih suhih marelica, nasjeckanih

50g/2oz/1/3 šalice grožđica

Pomiješajte brašno, šećer, đumbir, maslac ili margarin i jaja dok ne postane glatko. Dodajte marelice i grožđice. Smjesu izlijte u namašćen i obložen kalup za torte promjera 18 cm i pecite u prethodno zagrijanoj pećnici na 180°C/plinska oznaka 4 30 minuta dok čačkalica zabodena u sredinu ne izađe čista.

Pijani kolač od marelica

Pravi tortu od 20 cm/8 inča

120 ml/4 fl oz/½ šalice konjaka ili ruma

120 ml/4 oz/½ šalice soka od naranče

8 unci/11/3 šalice/225 g nasjeckanih suhih marelica gotovih za konzumaciju

100g/4oz/2/3 šalice grožđica (zlatne grožđice)

¾ šalice/6 unci/175 g maslaca ili margarina, omekšalog

45 ml/3 žlice svijetlog meda

4 jaja, odvojena

1 ½ šalice/175 g samodizajućeg brašna

10 ml/2 žličice praška za pecivo

Zakuhajte konjak ili rum i sok od naranče s marelicama i grožđicama. Dobro promiješajte, zatim maknite s vatre i ostavite da odstoji dok se ne ohladi. Umutiti maslac ili margarin i med pa postupno dodavati žumanjke. Dodajte brašno i kvasac. Od bjelanjaka istucite čvrsti snijeg pa ga lagano umiješajte u smjesu. Izlijte u namazan i obložen kalup za torte promjera 20 cm/8 cm i pecite u prethodno zagrijanoj pećnici na 180°C/350°F/plinska oznaka 4 1 sat dok čačkalica zabodena u sredinu ne izađe čista. Ostavite da se ohladi u kalupu.

Kolač od banane

Za tortu veličine 23 x 33 cm/9 x 13 inča

4 zrela trpuca zdrobljena

2 jaja, lagano tučena

12 unci/350 g/1½ šalice granuliranog šećera (superfinog)

120 ml/4 unce/½ šalice ulja

5 ml/1 žličica esencije vanilije (ekstrakt)

50 g/½ šalice nasjeckanih miješanih orašastih plodova

8 unci/2 šalice/225 g glatkog brašna (višenamjenskog)

10 ml/2 žličice sode bikarbone (natrij bikarbona)

5 ml/1 žličica soli

Umutiti banane, jaja, šećer, ulje i vaniliju. Dodajte preostale sastojke i miješajte dok ne postane glatko. Staviti u kalup za bojice 23 x 33 cm i peći u prethodno zagrijanoj pećnici na 180°C/plin 4 45 minuta dok se u sredinu ne zabode štapić, dobro posoljen.

Kolač od banana s hrskavim preljevom

Pravi tortu od 23 cm/9 inča

100g/4oz/½ šalice maslaca ili margarina, omekšalog

11 oz/300 g/11/3 šalice šećera u prahu (superfinog)

2 jaja, lagano tučena

1 ½ šalice/175 g glatkog brašna (višenamjenskog)

2,5 ml/½ žličice soli

1,5 ml/½ žličice naribanog muškatnog oraščića

5 ml/1 žličica sode bikarbone (natrij bikarbona)

75 ml/5 žlica mlijeka

Nekoliko kapi esencije vanilije (ekstrakt)

4 banane, zgnječene

Za naslovnicu:

2 oz/50 g/¼ šalice demerara šećera

2 oz/50 g/2 šalice zdrobljenih kukuruznih pahuljica

2,5 ml/½ žličice mljevenog cimeta

1 unca/25 g/2 žlice maslaca ili margarina

Miksajte maslac ili margarin i šećer dok ne postanu svijetli i pjenasti. Postupno umiješajte jaja, zatim dodajte brašno, sol i muškatni oraščić. Pomiješajte sodu bikarbonu s mlijekom i esencijom vanilije i dodajte smjesi od banana. Izlijte u podmazan i obložen četvrtasti kalup za tortu promjera 23 cm/9 cm.

Za pripremu nadjeva pomiješajte šećer, cornflakes i cimet te umasirajte s maslacem ili margarinom. Pospite po kolaču i pecite u prethodno zagrijanoj pećnici na 180°C/350°F/razina plina 4 45 minuta, dok ne postane čvrst na dodir.

Banana spužva

Pravi tortu od 23 cm/9 inča

100g/4oz/½ šalice maslaca ili margarina, omekšalog

100 g/4 oz/½ šalice granuliranog šećera (superfini)

2 razmućena jaja

2 velike zrele plantaže, zdrobljene

225 g/1 šalica brašna koje se samo diže

45 ml/3 žlice mlijeka

Za nadjev i dekoraciju:
8 oz/225 g/1 šalica krem sira

30 ml / 2 žlice kiselog vrhnja (mliječni proizvod)

4 oz/100 g sušenog čipsa trpuca

Miksajte maslac ili margarin i šećer dok ne postanu svijetli i pjenasti. Malo po malo dodavati jaja, pa banane i brašno. Miješajte mlijeko dok smjesa ne dobije tekuću konzistenciju. Izlijte u namašćen i obložen kalup za torte promjera 23 cm i pecite u prethodno zagrijanoj pećnici na 180°C/plin 4 oko 30 minuta dok čačkalica zabodena u sredinu ne izađe van. Prebacite na rešetku i ostavite da se ohladi, a zatim vodoravno prepolovite.

Za nadjev pomiješajte krem sir i kiselo vrhnje i polovicom smjese sjedinite dvije polovice torte. Po vrhu rasporedite ostatak smjese i ukrasite listićima trpuca.

Banana torta bogata vlaknima

Pravi tortu od 18 cm/7 inča

100g/4oz/½ šalice maslaca ili margarina, omekšalog

2 oz/50 g/¼ šalice blagog smeđeg šećera

2 jaja, lagano tučena

4 unce/100 g/1 šalica integralnog brašna (cjelovito pšenično)

10 ml/2 žličice praška za pecivo

2 banane, zgnječene

Za nadjev:

8 unci/225 g/1 šalica ricotte (blage ricotte)

5 ml/1 žličica soka od limuna

15 ml/1 žlica svijetlog meda

1 banana, narezana na ploške

Šećer u prahu (konditorski) prosijani za posipanje

Miksajte maslac ili margarin i šećer dok ne postanu svijetli i pjenasti. Umješajte malo po malo jaja pa dodajte brašno i kvasac. Pažljivo dodajte banane. Smjesu izlijte u dva namašćena i obložena kalupa za torte od 18 cm i pecite u prethodno zagrijanoj pećnici 30 minuta dok ne postane čvrsta na dodir. Ostaviti da se ohladi.

Za pripremu nadjeva pomiješajte krem sir, limunov sok i med i premažite jednu od pogačica. Rasporedite kriške banane na vrh, a zatim na vrh stavite drugu tortu. Poslužite posipano šećerom u prahu.

Kolač od banane i limuna

Pravi tortu od 18 cm/7 inča

100g/4oz/½ šalice maslaca ili margarina, omekšalog

6 unci/175 g/¾ šalice granuliranog šećera (superfinog)

2 jaja, lagano tučena

8 oz/225 g/2 šalice samodižućeg brašna

2 banane, zgnječene

                    Za nadjev i dekoraciju:

75 ml/5 žlica lemon curda

2 banane, narezane na ploške

45 ml/3 žlice soka od limuna

4 oz/100 g/2/3 šalice slastičarskog (u prahu) šećera, prosijanog

Miksajte maslac ili margarin i šećer dok ne postanu svijetli i pjenasti. Postupno dodajte jaja, dobro umutite nakon svakog dodavanja, zatim dodajte brašno i banane. Smjesu izlijte u dva namašćena i obložena kalupa za sendviče 7/18 cm i pecite u prethodno zagrijanoj pećnici na 180°C/350°F/plinska oznaka 4 30 minuta. Izvaditi iz kalupa i ostaviti da se ohladi.

Prekrijte kolače kremom od limuna i pola kriški banane. Preostale kriške banane pokapajte s 15 ml/1 žlicom limunovog soka. Preostali limunov sok pomiješajte sa šećerom u prahu da dobijete čvrstu glazuru (šlag). Glazurom prelijte tortu i ukrasite ploškama banane.

Čokoladni kolač s bananom u blenderu

Pravi tortu od 20 cm/8 inča

8 oz/225 g/2 šalice samodižućeg brašna

2,5 ml/½ žličice praška za pecivo

40 g/3 žlice čokolade za piće u prahu

2 jaja

60 ml/4 žlice mlijeka

5 unci/150 g/2/3 šalice granuliranog šećera (superfinog)

100g/4oz/½ šalice mekog margarina

2 zrela trpuca nasjeckana

Pomiješajte brašno, prašak za pecivo i čokoladu za piće. Miješajte preostale sastojke u blenderu ili procesoru hrane oko 20 sekundi; smjesa će izgledati zgrušano. Ulijte u suhe sastojke i dobro promiješajte. Izlijte u maslacem namazan i obložen kalup za tortu od 20 cm i pecite u prethodno zagrijanoj pećnici na 180°C/plin 4 oko 1 sat dok čačkalica zabodena u sredinu ne izađe čista. Prebacite na rešetku da se ohladi.

Kolač od banane i kikirikija

Pravi kolač od 2 lb/900 g

275 g/2 ½ šalice glatkog brašna (višenamjenskog).

8 unci/225 g/1 šalica granuliranog šećera (superfinog)

4 oz/100 g/1 šalica kikirikija, sitno nasjeckanog

15 ml/1 žlica praška za pecivo

Prstohvat soli

2 jaja, odvojena

6 banana, pasiranih

Naribana korica i sok 1 manjeg limuna

2 oz/50 g/¼ šalice maslaca ili margarina, otopljenog

Pomiješajte brašno, šećer, orahe, kvasac i sol. Istucite žumanjke i dodajte ih u smjesu s bananama, limunovom koricom i sokom te maslacem ili margarinom. Od bjelanjaka istucite čvrsti snijeg pa ih dodajte u smjesu. Izlijte u podmazan kalup za tortu od 900 g i pecite u prethodno zagrijanoj pećnici na 180°C/350°F/razina 4 1 sat dok čačkalica zabodena u sredinu ne izađe čista.

Kolač od banane i grožđica sve u jednom

Pravi kolač od 2 lb/900 g

450 g zrelih trputaca, nasjeckanih

50 g/½ šalice nasjeckanih miješanih orašastih plodova

120 ml / 4 fl oz / ½ šalice suncokretovog ulja

100g/4oz/2/3 šalice grožđica

75 g/¾ šalice zobenih pahuljica

1¼ šalice/5 oz/150 g integralnog brašna (cjelovito pšenično)

1,5 ml/¼ žličice esencije badema (ekstrakt)

Prstohvat soli

Pomiješajte sve sastojke dok ne postanu glatki i vlažni. Izlijte u podmazan i obložen kalup od 900 g i pecite u prethodno zagrijanoj pećnici na 190°C/plinska oznaka 5 1 sat dok kolač ne porumeni i zubac umetnut u sredinu ne bude čist. . Ohladite u kalupu 10 minuta prije nego što ga izvadite.

Torta od banane i viskija

Pravi tortu 10/25 cm

8 unci/225 g/1 šalica maslaca ili margarina, omekšalog

1 lb/450 g/2 šalice svijetlosmeđeg šećera

3 zrela trpuca zdrobljena

4 jaja, lagano tučena

1 ½ šalice/6 unci pekan oraha, grubo nasjeckanih

225 g/8 unci/11/3 šalice grožđica (zlatne grožđice)

12 oz/350 g/3 šalice glatkog brašna (višenamjenskog).

15 ml/1 žlica praška za pecivo

5 ml/1 žličica mljevenog cimeta

2,5 ml/½ žličice mljevenog đumbira

2,5 ml/½ žličice naribanog muškatnog oraščića

150 ml/¼ pinte/2/3 šalice viskija

Miksajte maslac ili margarin i šećer dok ne postanu svijetli i pjenasti. Dodajte banane, pa postepeno dodajte jaja. Orahe i grožđice pomiješajte s velikom žlicom brašna, pa u posebnoj zdjeli pomiješajte preostalo brašno s praškom za pecivo i začinima. Umiješajte brašno u kremastu smjesu, naizmjenično s viskijem. Dodajte orahe i grožđice. Izlijte smjesu u nepodmazan kalup za tortu od 25 cm i pecite u prethodno zagrijanoj pećnici na 180°C/350°F/plinska oznaka 4 1 sat i 15 minuta dok ne postane elastična na dodir. Ostavite da se ohladi u kalupu 10 minuta prije nego što ga izvrnete na rešetku da se potpuno ohladi.

Pita od brusnica

Pravi tortu od 23 cm/9 inča

6 unci/175 g/¾ šalice granuliranog šećera (superfinog)

60 ml/4 žlice ulja

1 jaje, lagano tučeno

120 ml/4 unce/½ šalice mlijeka

8 unci/2 šalice/225 g glatkog brašna (višenamjenskog)

10 ml/2 žličice praška za pecivo

2,5 ml/½ žličice soli

8 oz/225 g borovnica

Za naslovnicu:
2 oz/50 g/¼ šalice maslaca ili margarina, otopljenog

100g/4oz/½ šalice granuliranog šećera

¼ šalice/2 unce/50 g glatkog brašna (višenamjenskog).

2,5 ml/½ žličice mljevenog cimeta

Tucite šećer, ulje i jaje dok se dobro ne sjedine i poblijede. Dodajte mlijeko, zatim umiješajte brašno, kvasac i sol. Dodajte borovnice. Smjesu izlijte u maslacem namazan i pobrašnjen kalup za torte 9/23 cm. Pomiješajte sastojke za preljev i pospite ih po smjesi. Pecite u prethodno zagrijanoj pećnici na 190°C/plinska oznaka 5 50 minuta dok čačkalica zabodena u sredinu ne izađe čista. Poslužite vruće.

Kolač od višanja

Pravi kolač od 2 lb/900 g

¾ šalice/6 unci/175 g maslaca ili margarina, omekšalog

6 unci/175 g/¾ šalice granuliranog šećera (superfinog)

3 razmućena jaja

8 unci/2 šalice/225 g glatkog brašna (višenamjenskog)

2,5 ml/½ žličice praška za pecivo

100g/4oz/2/3 šalice grožđica (zlatne grožđice)

5 oz/150 g/2/3 šalice kandiranih višanja, na četvrtine

225g svježih višanja očišćenih (bez koštica) i prepolovljenih

30 ml/2 žlice džema od marelica (iz konzerve)

Umutite maslac ili margarin dok ne dobijete glatku smjesu pa dodajte šećer. Pomiješajte jaja, zatim brašno, prašak za pecivo, grožđice i ušećerene višnje. Izlijte u podmazan kalup za tortu od 900g/2lb (kampu) i pecite u prethodno zagrijanoj pećnici na 160°C/325°F/plin stupanj 3 2,5 sata. Ostavite u kalupu 5 minuta, zatim preokrenite na rešetku da se potpuno ohladi.

Po vrhu torte posložite višnje u nizu. Pekmez od marelica zakuhajte u loncu, zatim ga ocijedite i kistom premažite površinu kolača kako biste ga glazirali.

kolač od višanja i kokosa

Pravi tortu od 20 cm/8 inča

12 oz/350 g/3 šalice samodižućeg brašna

6 unci/175 g/¾ šalice maslaca ili margarina

225 g/1 šalica kandiranih višanja, narezanih na četvrtine

4 oz/100 g/1 šalica nasjeckanog kokosa (nasjeckanog)

6 unci/175 g/¾ šalice granuliranog šećera (superfinog)

2 velika jaja, lagano tučena

200 ml/7 oz/samo 1 šalica mlijeka

Stavite brašno u zdjelu i utrljajte ga s maslacem ili margarinom dok smjesa ne podsjeća na krušne mrvice. Višnje pomiješajte s kokosom pa dodajte u smjesu šećera i lagano promiješajte. Dodajte jaja i veći dio mlijeka. Dobro istucite, po potrebi dodajte još mlijeka da dobijete mekanu konzistenciju. Izlijte u podmazan i obložen kalup za torte od 20 cm. Pecite u prethodno zagrijanoj pećnici na 180°C/350°F/plinska oznaka 4 1 sat i 30 minuta dok čačkalica zabodena u sredinu ne izađe čista.

Sultanija torta sa višnjama

Pravi kolač od 2 lb/900 g

100g/4oz/½ šalice maslaca ili margarina, omekšalog

100 g/4 oz/½ šalice granuliranog šećera (superfini)

3 jaja, lagano tučena

4 oz/100 g/½ šalice kandiranih višanja (ušećerenih)

12 oz/350 g/2 šalice grožđica (zlatne grožđice)

1 ½ šalice/175 g glatkog brašna (višenamjenskog)

Prstohvat soli

Miksajte maslac ili margarin i šećer dok ne postanu svijetli i pjenasti. Postupno dodajte jaja. Višnje i grožđice pomiješajte s malo brašna da se oblože, a zatim preostalo brašno umiješajte u smjesu zajedno sa soli. Dodajte višnje i grožđice. Izlijte smjesu u podmazan i obložen kalup za torte od 900 g i pecite u prethodno zagrijanoj pećnici na 160°C/325°F/razina 3 1 sat i 30 minuta dok čačkalica ubodena u sredinu ne sjedne na mjesto.

Glazirana torta od višanja i oraha

Pravi tortu od 18 cm/7 inča

100g/4oz/½ šalice maslaca ili margarina, omekšalog

100 g/4 oz/½ šalice granuliranog šećera (superfini)

2 jaja, lagano tučena

15 ml/1 žlica svijetlog meda

1 ¼ šalice/5 oz/150 g brašna koje se samo diže

5 ml/1 žličica praška za pecivo

Prstohvat soli

Za ukras:

8 unci/225 g/11/3 šalice slastičarskog (u prahu) šećera, prosijanog

30 ml/2 žlice vode

Nekoliko kapi crvene prehrambene boje.

4 kandirane trešnje prepolovite

4 polovice oraha

Miksajte maslac ili margarin i šećer dok ne postanu svijetli i pjenasti. Postupno dodajte jaja i med, zatim dodajte brašno, prašak za pecivo i sol. Smjesu izlijte u podmazan i obložen kalup za torte promjera 18 cm i pecite u prethodno zagrijanoj pećnici na 190°C/375°F/plinska oznaka 5 20 minuta dok se dobro ne digne i stegne. Neka se ohladi.

Stavite šećer u prahu u zdjelu i postupno dodajte onoliko vode koliko je potrebno da dobijete glazuru za mazanje (glazuru). Veći dio premazati po kolaču. Preostalu glazuru obojite s nekoliko kapi prehrambene boje, dodajte još malo šećera u prahu ako je glazura previše tekuća. Prelijte ili pokapajte crvenu glazuru preko kolača da ga podijelite na kriške, a zatim na vrh stavite kandirane višnje i orahe pekan.

Damask kolač od šljiva

Pravi tortu od 20 cm/8 inča

100g/4oz/½ šalice maslaca ili margarina, omekšalog

3 oz/75 g/1/3 šalice blagog smeđeg šećera

2 jaja, lagano tučena

8 oz/225 g/2 šalice samodižućeg brašna

450g damask šljiva očišćenih od koštica i prepolovljenih

50 g/½ šalice nasjeckanih miješanih orašastih plodova.

Miksajte maslac ili margarin i šećer dok ne postanu svijetli i pjenasti, zatim postupno dodajte jaja, dobro tučeći nakon svakog dodavanja. Dodajte brašno i damast. Smjesu izliti u maslacem namazan i obložen kalup za torte promjera 20 cm i posuti lješnjacima. Pecite u prethodno zagrijanoj pećnici na 190°C/375°F/plinska oznaka 5 45 minuta dok ne postane čvrsto na dodir. Ostavite da se ohladi u kalupu 10 minuta prije nego što ga prebacite na rešetku da se potpuno ohladi.

Tart od datulja i oraha

Pravi tortu od 23 cm/9 inča

300 ml/½ pt/1¼ šalice kipuće vode

225 g/8 oz/11/3 šalice očišćenih (bez koštica) i nasjeckanih datulja

5 ml/1 žličica sode bikarbone (natrij bikarbona)

3 unce/75 g/1/3 šalice maslaca ili margarina, omekšalog

8 unci/225 g/1 šalica granuliranog šećera (superfinog)

1 razmućeno jaje

275 g/2 ½ šalice glatkog brašna (višenamjenskog).

Prstohvat soli

2,5 ml/½ žličice praška za pecivo

50 g/½ šalice nasjeckanih oraha

Za naslovnicu:

2 oz/50 g/¼ šalice blagog smeđeg šećera

1 unca/25 g/2 žlice maslaca ili margarina

30 ml/2 žlice mlijeka

Nekoliko polovica oraha za ukrašavanje

Stavite vodu, datulje i sodu bikarbonu u zdjelu i ostavite da odstoji 5 minuta. Pjenasto izradite maslac ili margarin i šećer dok ne dobijete glatku smjesu, zatim dodajte jaje s vodom i datulje. Pomiješajte brašno, sol i kvasac, pa ih dodajte u smjesu s orasima. Izlijte u podmazan i obložen kalup za tortu od 23 cm i pecite u prethodno zagrijanoj pećnici na 180°C/350°F/plinska oznaka 4 1 sat dok se ne stegne. Ostavite da se ohladi na rešetki.

Za pripremu nadjeva pomiješajte šećer, maslac i mlijeko dok ne postane glatko. Rasporedite po torti i ukrasite polovicama oraha.

Kolač od limuna

Pravi tortu od 20 cm/8 inča

¾ šalice/6 unci/175 g maslaca ili margarina, omekšalog

6 unci/175 g/¾ šalice granuliranog šećera (superfinog)

2 razmućena jaja

8 oz/225 g/2 šalice samodižućeg brašna

Sok i naribana korica 1 limuna

60 ml/4 žlice mlijeka

Pjenasto izradite maslac ili margarin i 100g/4oz/½ šalice šećera. Dodajte malo po malo jaja, zatim dodajte brašno i naribanu koricu limuna. Dodajte dovoljno mlijeka da dobijete glatku konzistenciju. Izlijte smjesu u podmazan i obložen kalup za torte od 20 cm i pecite u prethodno zagrijanoj pećnici na 180°C/350°F/plinska oznaka 4 1 sat dok ne nabubri i ne porumeni. Preostali šećer otopite u soku od limuna. Vrući kolač izbodite vilicom i prelijte smjesom od soka. Neka se ohladi.

Kolač od naranče i badema

Pravi tortu od 20 cm/8 inča

4 jaja, odvojena

100 g/4 oz/½ šalice granuliranog šećera (superfini)

naribana korica 1 naranče

50 g/½ šalice badema, sitno nasjeckanih

50 g/½ šalice nasjeckanih badema

Za sirup:

100 g/4 oz/½ šalice granuliranog šećera (superfini)

300 ml/½ pt/1¼ šalice soka od naranče

15 ml/1 žlica likera od naranče (po želji)

1 štapić cimeta

Istucite žumanjke, šećer, narančinu koricu, bademe i prah od badema. Od bjelanjaka istucite čvrsti snijeg pa ih dodajte u smjesu. Izlijte u maslacem namazan i pobrašnjen kalup za torte promjera 20 cm i pecite u prethodno zagrijanoj pećnici na 180°C/350°F/razina plina 4 45 minuta dok ne postane čvrst na dodir. Sve nabodite ražnjićem i ostavite da se ohladi.

U međuvremenu na laganoj vatri sa štapićem cimeta uz povremeno miješanje otopite šećer u soku od naranče i eventualnom likeru. Pustite da zavrije i kuhajte dok ne postane fini sirup. Bacite cimet. Vrućim sirupom preliti kolač i ostaviti da upije.

Kolač od zobenih pahuljica

Pravi kolač od 2 lb/900 g

100g/4oz/1 šalica zobi

300 ml/½ pt/1¼ šalice kipuće vode

100g/4oz/½ šalice maslaca ili margarina, omekšalog

8 oz/225 g/1 šalica blagog smeđeg šećera

8 unci/225 g/1 šalica granuliranog šećera (superfinog)

2 jaja, lagano tučena

1 ½ šalice/175 g glatkog brašna (višenamjenskog)

10 ml/2 žličice praška za pecivo

5 ml/1 žličica sode bikarbone (natrij bikarbona)

5 ml/1 žličica mljevenog cimeta

Zobene pahuljice namočite u kipuću vodu. Izradite maslac ili margarin i šećer dok ne postane svijetlo i pjenasto. Postupno dodajte jaja, zatim dodajte brašno, prašak za pecivo, sodu bikarbonu i cimet. Na kraju dodajte mješavinu zobi i miješajte dok se dobro ne sjedini. Izlijte u podmazan i obložen kalup za kruh od 900 g i pecite u prethodno zagrijanoj pećnici na 180°C/350°F/plinska oznaka 4 oko 1 sat dok ne postane čvrst na dodir.

Jako glazirana torta od mandarina

Pravi tortu od 20 cm/8 inča

3/4 šalice/6 oz/175 g limenke mekog margarina

9 unci/250 g/1 velika šalica granuliranog šećera (superfinog)

8 oz/225 g/2 šalice samodižućeg brašna

5 ml/1 žličica praška za pecivo

3 jaja

Korica i sok 1 manje naranče sitno naribane

300 g/1 konzerva srednjih mandarina, dobro ocijeđenih

Sitno naribana korica i sok 1/2 limuna

Pomiješajte margarin, 175 g/6 oz/3/4 šalice šećera, brašno, prašak za pecivo, jaja, narančinu koricu i sok u multipraktiku ili tucite električnom miješalicom dok smjesa ne postane glatka. . Mandarine krupno nasjeckajte i savijte. Izlijte u maslacem namazan i obložen kalup za tortu promjera 20 cm. Zagladite površinu. Pecite u prethodno zagrijanoj pećnici na 180°C/350°F/plinska oznaka 4 1 sat i 10 minuta ili dok čačkalica zabodena u sredinu ne izađe čista. Ostavite da se ohladi 5 minuta, zatim preokrenite i stavite na rešetku. U međuvremenu miksajte preostali šećer s limunovom koricom i sokom dok ne dobijete pastu. Rasporedite po vrhu i ostavite da se ohladi.

Kolač od naranče

Pravi tortu od 20 cm/8 inča

¾ šalice/6 unci/175 g maslaca ili margarina, omekšalog

6 unci/175 g/¾ šalice granuliranog šećera (superfinog)

2 razmućena jaja

8 oz/225 g/2 šalice samodižućeg brašna

Sok i naribana korica 1 naranče

60 ml/4 žlice mlijeka

Pjenasto izradite maslac ili margarin i 100g/4oz/½ šalice šećera. Dodajte malo po malo jaja, zatim dodajte brašno i naribanu koricu naranče. Dodajte dovoljno mlijeka da dobijete glatku konzistenciju. Izlijte smjesu u podmazan i obložen kalup za torte od 20 cm i pecite u prethodno zagrijanoj pećnici na 180°C/350°F/plinska oznaka 4 1 sat dok ne nabubri i ne porumeni. Ostatak šećera otopite u soku od naranče. Vrući kolač izbodite vilicom i prelijte smjesom od soka. Neka se ohladi.

Anđeoska torta

Pravi tortu od 23 cm/9 inča

¾ šalice/3 unce/75 g glatkog brašna (višenamjenskog)

1 unca/25 g/2 žlice kukuruznog brašna (kukuruzni škrob)

Prstohvat soli

8 unci/225 g/1 šalica granuliranog šećera (superfinog)

10 bjelanjaka

1 žlica soka od limuna

1 žličica kreme od zubnog kamenca

1 žličica esencije vanilije (ekstrakt)

Brašno i sol pomiješajte s četvrtinom šećera i dobro prosijte. Pjenasto istucite pola bjelanjaka s pola limunova soka. Dodajte pola kreme od tartara i žličicu šećera i tucite dok ne postane čvrst. Ponovite s preostalim bjelanjcima, zatim ih umiješajte i postupno dodajte preostali šećer i aromu vanilije. Vrlo postupno umiješajte smjesu brašna u snijeg od bjelanjaka. Izlijte u namašćeni kalup za opruge od 23 cm/9 in (cijevasti kalup) i pecite u prethodno zagrijanoj pećnici na 180°C/350°F/razina plina 4 45 minuta dok ne postane čvrsto na dodir. Preokrenite kalup na rešetku i ostavite da se ohladi u kalupu prije vađenja.

sendvič od kupina

Pravi tortu od 18 cm/7 inča

¾ šalice/6 unci/175 g maslaca ili margarina, omekšalog

6 unci/175 g/¾ šalice granuliranog šećera (superfinog)

3 razmućena jaja

1 ½ šalice/175 g samodizajućeg brašna

5 ml/1 žličica esencije vanilije (ekstrakt)

300 ml/½ pt/1¼ šalice dvostrukog vrhnja (gusto)

8 oz/225 g kupina

Miksajte maslac ili margarin i šećer dok ne postanu svijetli i pjenasti. Postupno umiješajte jaja, zatim dodajte brašno i aromu vanilije. Podijelite u dva namašćena i obložena kalupa za torte od 7/18 cm i pecite u prethodno zagrijanoj pećnici na 190°C/375°F/stupanj 5 25 minuta dok ne postane elastičan na dodir. Neka se ohladi.

Umutiti čvrsti šlag. Polovicom premažite jednu torticu, na vrh posložite kupine i prelijte ostatkom kreme. Pokrijte drugom tortom i poslužite.

Zlatni puter kolač

Pravi tortu od 23 cm/9 inča

8 unci/225 g/1 šalica maslaca ili margarina, omekšalog

450 g/1 funta/2 šalice granuliranog šećera (superfini)

5 jaja, odvojenih

250 ml/8 unci/1 šalica običnog jogurta

400 g/3½ šalice glatkog brašna (višenamjenskog).

10 ml/2 žličice praška za pecivo

Prstohvat soli

Miksajte maslac ili margarin i šećer dok ne postanu svijetli i pjenasti. Postupno dodajte žumanjke i jogurt, zatim dodajte brašno, prašak za pecivo i sol. Od bjelanjaka istucite čvrsti snijeg, a zatim ga metalnom žlicom lagano umiješajte u smjesu. Izlijte u podmazan kalup za tortu od 23 cm i pecite u prethodno zagrijanoj pećnici na 180°C/350°F/plinska oznaka 4 45 minuta dok ne postane zlatnožuta i elastična na dodir. Ostavite da se hladi u kalupu 10 minuta, zatim preokrenite na rešetku da se do kraja ohladi.

Sve u jednoj spužvici za kavu

Pravi tortu od 20 cm/8 inča

100g/4oz/½ šalice maslaca ili margarina, omekšalog

100 g/4 oz/½ šalice granuliranog šećera (superfini)

100 g/1 šalica brašna koje se samo diže

2,5 ml/½ žličice praška za pecivo

15 ml/1 žlica instant kave u prahu, otopljeno u 10 ml/2 žličice vruće vode

2 jaja

Pomiješajte sve sastojke dok se dobro ne sjedine. Izlijte u podmazan i obložen kalup za tortu od 20 cm i pecite u prethodno zagrijanoj pećnici na 180°C/350°F/plinska oznaka 4 30 minuta dok dobro ne naraste i postane elastičan na dodir.

češki kolač

Za tortu veličine 15 x 25 cm/10 x 6 inča

12 oz/350 g/3 šalice glatkog brašna (višenamjenskog).

4 oz/100 g/2/3 šalice slastičarskog (u prahu) šećera, prosijanog

4 oz/100 g/1 šalica nasjeckanih lješnjaka ili badema

15 ml/1 žlica praška za pecivo

150 ml/¼ pt/2/3 šalice mlijeka

2 jaja, lagano tučena

250 ml/8 tečnih oz/1 šalica suncokretovog ulja

8 oz/225 g svježeg voća

Za glazuru:

400 ml/14 tečnih oz/1¾ šalice voćnog soka

20 ml/4 žličice arrowroota

Pomiješajte suhe sastojke. Mlijeko, jaja i ulje pomiješajte i dodajte u smjesu. Izlijte u podmazan 15 x 25 cm/6 x 10 plitki kalup za tart (kampu) i pecite u prethodno zagrijanoj pećnici na 180°C/350°F/razina plina 4 oko 35 minuta dok ne postane čvrsto. Neka se ohladi.

Rasporedite voće po podlozi za tart. Prokuhajte voćni sok i arrowroot, miješajući dok se ne zgusne, a zatim prelijte glazuru po vrhu torte.

jednostavan medeni kolač

Pravi tortu od 20 cm/8 inča

100g/4oz/½ šalice maslaca ili margarina, omekšalog

25 g/2 žlice šećera (superfinog)

60 ml/4 žlice svijetlog meda

2 jaja, lagano tučena

1 ½ šalice/175 g samodizajućeg brašna

2,5 ml/½ žličice praška za pecivo

5 ml/1 žličica mljevenog cimeta

15 ml/1 žlica vode

Miješajte sve sastojke dok ne dobijete glatku, sipku konzistenciju. Izlijte u namašćen i obložen kalup za tortu promjera 20 cm i pecite u prethodno zagrijanoj pećnici na 190°C/plinska oznaka 5 30 minuta dok dobro ne naraste i postane elastičan na dodir.

Limun biskvit sve u jednom

Pravi tortu od 20 cm/8 inča

100g/4oz/½ šalice maslaca ili margarina, omekšalog

100 g/4 oz/½ šalice granuliranog šećera (superfini)

100 g/1 šalica brašna koje se samo diže

2,5 ml/½ žličice praška za pecivo

ribana korica 1 limuna

15 ml/1 žlica soka od limuna

2 jaja

Pomiješajte sve sastojke dok se dobro ne sjedine. Izlijte u podmazan i obložen kalup za tortu od 20 cm i pecite u prethodno zagrijanoj pećnici na 180°C/350°F/plinska oznaka 4 30 minuta dok dobro ne naraste i postane elastičan na dodir.

Mousseline torta od limuna

Pravi tortu 10/25 cm

8 oz/225 g/2 šalice samodižućeg brašna

15 ml/1 žlica praška za pecivo

5 ml/1 žličica soli

12 unci/350 g/1½ šalice granuliranog šećera (superfinog)

7 jaja, odvojenih

120 ml/4 unce/½ šalice ulja

175 ml/6 fl oz/¾ šalice vode

10 ml/2 žličice naribane korice limuna

5 ml/1 žličica esencije vanilije (ekstrakt)

2,5 ml/½ čajne žličice kreme od zubnog kamenca

Pomiješajte brašno, kvasac, sol i šećer i napravite udubinu u sredini. Pomiješajte žumanjke, ulje, vodu, koricu limuna i aromu vanilije te ih pomiješajte sa suhim sastojcima. Istucite bjelanjke i tartar dok se ne stvore čvrsti snijeg. Izmiješajte smjesu za kolače. Izlijte u nepodmazan kalup za tortu od 25 cm i pecite u prethodno zagrijanoj pećnici na 160°C/325°F/plinska razina 3 1 sat. Ugasite pećnicu ali ostavite kolač još 8 minuta. Izvadite iz pećnice i preokrenite na rešetku da se završi hlađenje.

Kolač od limuna

Pravi kolač od 2 lb/900 g

100g/4oz/½ šalice maslaca ili margarina, omekšalog

6 unci/175 g/¾ šalice granuliranog šećera (superfinog)

2 jaja, lagano tučena

1 ½ šalice/175 g samodizajućeg brašna

60 ml/4 žlice mlijeka

ribana korica 1 limuna

Za sirup:

60 ml/4 žlice prosijanog šećera u prahu

45 ml/3 žlice soka od limuna

Miksajte maslac ili margarin i šećer dok ne postanu svijetli i pjenasti. Postupno dodajte jaja, zatim brašno, mlijeko i koricu limuna i miješajte dok ne dobijete glatku smjesu. Izlijte u podmazan i obložen kalup za kruh od 900 g i pecite u prethodno zagrijanoj pećnici na 180°C/350°F/razina plina 4 45 minuta dok ne postane elastičan na dodir.

Pomiješajte šećer u prahu i limunov sok i prelijte preko svježe pečenog kolača. Ostavite da se ohladi u kalupu.

kolač od limuna i vanilije

Pravi kolač od 2 lb/900 g

8 unci/225 g/1 šalica maslaca ili margarina, omekšalog

450 g/1 funta/2 šalice granuliranog šećera (superfini)

4 jaja, odvojena

12 oz/350 g/3 šalice glatkog brašna (višenamjenskog).

10 ml/2 žličice praška za pecivo

200 ml/7 oz/samo 1 šalica mlijeka

2,5 ml/½ žličice esencije limuna (ekstrakt)

2,5 ml/½ žličice esencije vanilije (ekstrakt)

Pjenasto izmiješajte maslac i šećer pa dodajte žumanjke. Dodajte brašno i kvasac naizmjenično s mlijekom. Dodajte aromu limuna i vanilije. Bjelanjke tucite dok ne postanu mekani snijeg pa ih lagano umiješajte u smjesu. Izlijte u maslacem namazan kalup za kruh od 900 g i pecite u prethodno zagrijanoj pećnici na 150°C/300°F/razina 2 1 sat i 30 minuta dok ne poprimi zlatnosmeđu boju i postane elastičan na dodir.

Madeira torta

Pravi tortu od 18 cm/7 inča

¾ šalice/6 unci/175 g maslaca ili margarina, omekšalog

6 unci/175 g/¾ šalice granuliranog šećera (superfinog)

3 velika jaja

1 ¼ šalice/5 oz/150 g brašna koje se samo diže

1 šalica/4 unce/100 g glatkog brašna (višenamjenskog)

Prstohvat soli

Naribana korica i sok ½ limuna

Miksajte maslac ili margarin i šećer dok ne postanu svijetli i glatki. Dodajte jedno po jedno jaje, dobro tučeći između svakog dodavanja. Dodajte preostale sastojke. Izlijte u maslacem namazan i obložen kalup za torte promjera 18 cm i poravnajte površinu. Pecite u prethodno zagrijanoj pećnici na 160°C/325°F/razina plina 3 1-1,5 sat dok ne porumene i postanu elastični na dodir. Ostavite da se ohladi u limu 5 minuta prije nego što ga okrenete na rešetku da se potpuno ohladi.

kolač od tratinčica

Pravi tortu od 20 cm/8 inča

4 jaja, odvojena

15 ml/1 žlica šećera (super finog)

1 ½ šalice/175 g glatkog brašna (višenamjenskog)

100g/4oz/1 šalica krumpirovog škroba

2,5 ml/½ žličice esencije vanilije (ekstrakt)

25 g/3 žlice šećera u prahu, prosijanog

Istucite žumanjke i šećer dok smjesa ne postane svijetla i kremasta. Postupno dodajte brašno, krumpirov škrob i aromu vanilije. Od bjelanjaka istucite čvrsti snijeg i dodajte ga u smjesu. Smjesu izlijte u namašćen i obložen kalup za torte promjera 20 cm i pecite u prethodno zagrijanoj pećnici na 200°C/400°F/plin stupanj 6 samo 5 minuta. Kolač izvadite iz pećnice i oštrim nožem izrežite po površini pa što prije vratite u pećnicu i pecite još 5 minuta. Smanjite temperaturu pećnice na 180°C/350°F/razina plina 4 i pecite daljnjih 25 minuta dok ne nabubre i ne porumene. Ostavite da se ohladi i poslužite posuto šećerom u prahu.

Kolač s toplim mlijekom

Pravi tortu od 23 cm/9 inča

4 jaja, lagano tučena

5 ml/1 žličica esencije vanilije (ekstrakt)

1 lb/450 g/2 šalice granuliranog šećera

8 oz/225 g/2 šalice samodižućeg brašna

10 ml/2 žličice praška za pecivo

2,5 ml/½ žličice soli

250 ml/8 unci/1 šalica mlijeka

1 unca/25 g/2 žlice maslaca ili margarina

Istucite jaja, aromu vanilije i šećer dok ne postanu svijetla i pjenasta. Postupno dodajte brašno, prašak za pecivo i sol. U loncu zakuhajte mlijeko i maslac ili margarin pa ih dodajte u smjesu i dobro promiješajte. Izlijte u podmazan i pobrašnjen kalup za tortu od 23 cm i pecite u prethodno zagrijanoj pećnici na 180°C/350°F/plinska oznaka 4 40 minuta dok ne postane zlatno i elastično na dodir.

mliječni kolač

Pravi tortu od 20 cm/8 inča

150 ml/¼ pt/2/3 šalice mlijeka

3 jaja

6 unci/175 g/¾ šalice granuliranog šećera (superfinog)

5 ml/1 žličica soka od limuna

350g/12oz/3 šalice glatkog brašna (višenamjenskog)

5 ml/1 žličica praška za pecivo

Zagrijte mlijeko u loncu. Tucite jaja u zdjeli dok ne dobijete gustu i kremastu smjesu, zatim dodajte šećer i limunov sok. Ulijte brašno i kvasac, pa postupno dodajte toplo mlijeko dok smjesa ne postane glatka. Ulijte u podmazan kalup za tortu (tep) promjera 20 cm i pecite u prethodno zagrijanoj pećnici na 180°C/350°F/razina plina 4 20 minuta dok dobro ne naraste i postane elastičan na dodir.

Mocha spužva sve u jednom

Pravi tortu od 20 cm/8 inča

100g/4oz/½ šalice maslaca ili margarina, omekšalog

100 g/4 oz/½ šalice granuliranog šećera (superfini)

100 g/1 šalica brašna koje se samo diže

2,5 ml/½ žličice praška za pecivo

15 ml/1 žlica instant kave u prahu, otopljeno u 10 ml/2 žličice vruće vode

15 ml/1 žlica kakaa u prahu (nezaslađena čokolada)

2 jaja

Pomiješajte sve sastojke dok se dobro ne sjedine. Izlijte u podmazan i obložen kalup za tortu od 20 cm i pecite u prethodno zagrijanoj pećnici na 180°C/350°F/plinska oznaka 4 30 minuta dok dobro ne naraste i postane elastičan na dodir.

Moscatel torta

Pravi tortu od 18 cm/7 inča

¾ šalice/6 unci/175 g maslaca ili margarina, omekšalog

6 unci/175 g/¾ šalice granuliranog šećera (superfinog)

3 jaja

30 ml/2 žlice slatkog moscata

8 unci/2 šalice/225 g glatkog brašna (višenamjenskog)

10 ml/2 žličice praška za pecivo

Miksajte maslac ili margarin i šećer dok ne postanu svijetli i pjenasti, a zatim postupno dodajte jaja i vino. Dodajte brašno i kvasac i miješajte dok ne postane glatko. Izlijte u podmazan i obložen kalup za tortu od 18 cm/7 cm i pecite u prethodno zagrijanoj pećnici na 180°C/350°F/plinska oznaka 4 1 sat i 15 minuta dok ne poprimi zlatnu boju i postane elastičan na dodir. Ostavite da se hladi u kalupu 5 minuta, zatim preokrenite na rešetku da se do kraja ohladi.

Narančasta spužva sve u jednom

Pravi tortu od 20 cm/8 inča

100g/4oz/½ šalice maslaca ili margarina, omekšalog

100 g/4 oz/½ šalice granuliranog šećera (superfini)

100 g/1 šalica brašna koje se samo diže

2,5 ml/½ žličice praška za pecivo

naribana korica 1 naranče

15 ml/1 žlica soka od naranče

2 jaja

Pomiješajte sve sastojke dok se dobro ne sjedine. Izlijte u podmazan i obložen kalup za tortu od 20 cm i pecite u prethodno zagrijanoj pećnici na 180°C/350°F/plinska oznaka 4 30 minuta dok dobro ne naraste i postane elastičan na dodir.

jednostavan kolač

Pravi tortu od 23 cm/9 inča

2 oz/50 g/¼ šalice maslaca ili margarina

8 unci/2 šalice/225 g glatkog brašna (višenamjenskog)

2,5 ml/½ žličice soli

15 ml/1 žlica praška za pecivo

30 ml/2 žlice šećera u prahu (superfini)

250 ml/8 unci/1 šalica mlijeka

Utrljajte maslac ili margarin s brašnom, soli i praškom za pecivo dok smjesa ne podsjeća na krušne mrvice. Dodajte šećer. Postupno dodavati mlijeko i miješati dok se ne dobije glatka smjesa. Lagano utisnite u podmazan kalup za torte od 23 cm i pecite u prethodno zagrijanoj pećnici na 160°C/325°F/stupanj 3 oko 30 minuta dok ne porumene.

španjolski kolač

Pravi tortu od 23 cm/9 inča

4 jaja, odvojena

100g/4oz/½ šalice granuliranog šećera

naribana korica ½ limuna

1 unca/25 g/¼ šalice kukuruznog brašna

¼ šalice/1 unca/25 g glatkog brašna (višenamjenskog).

30 ml/2 žlice prosijanog šećera u prahu

Istucite žumanjke, šećer i limunovu koricu dok smjesa ne postane svijetla i pjenasta. Postupno dodajte kukuruznu krupicu i brašno. Od bjelanjaka istucite čvrsti snijeg pa ga umiješajte u smjesu. Smjesu izlijte u podmazan četvrtasti kalup za torte promjera 23 cm i pecite u prethodno zagrijanoj pećnici na 220°C/425°F/plinska razina 7 6 minuta. Odmah izvadite iz kalupa i ostavite da se ohladi. Poslužite posipano šećerom u prahu.

pobjednički sendvič

Pravi tortu od 23 cm/7 inča

¾ šalice/6 unci/175 g maslaca ili margarina, omekšalog

¾ šalice/6 unci/175 g granuliranog šećera (super finog), plus dodatak za posipanje

3 razmućena jaja

1 ½ šalice/175 g samodizajućeg brašna

60 ml/4 žlice džema od jagoda (iz konzerve)

Istucite maslac ili margarin dok ne postane glatko, a zatim umiješajte šećer dok ne postane pjenasto. Postupno umiješajte jaja, a zatim dodajte brašno. Smjesu jednako podijelite u dva namašćena i obložena kalupa za sendviče promjera 7/18 cm. Pecite u prethodno zagrijanoj pećnici na 190°C/375°F/razina plina 5 oko 20 minuta dok dobro ne naraste i postane elastičan na dodir. Preokrenite na rešetku da se ohladi, pa napunite džemom i pospite šećerom.

šlag kolač

Pravi tortu od 20 cm/8 inča

2 jaja

1/3 šalice/3 unce/75 g granuliranog šećera (superfinog)

½ šalice/2 oz/50 g glatkog brašna (višenamjenskog).

120 ml/4 fl oz/½ šalice dvostrukog vrhnja (gustog), tučenog

45 ml/3 žlice džema od malina (iz konzerve)

Šećer u prahu (u prahu), prosijan

Miksajte jaja i šećer najmanje 5 minuta dok ne dobijete bijelu smjesu. Dodajte brašno. Izlijte u podmazan i obložen kalup za sendviče promjera 20 cm/8 cm i pecite u prethodno zagrijanoj pećnici na 190°C/375°F/plinska oznaka 5 20 minuta dok ne postane elastičan na dodir. Ostavite da se ohladi na rešetki.

Prerežite tortu vodoravno na pola, pa obje polovice stavite u sendvič s kremom i džemom. Odozgo pospite šećerom u prahu.

Torta vjetrenjača

Pravi tortu od 20 cm/8 inča

Za tortu:

1 ½ šalice/175 g samodizajućeg brašna

5 ml/1 žličica praška za pecivo

¾ šalice/6 unci/175 g maslaca ili margarina, omekšalog

6 unci/175 g/¾ šalice granuliranog šećera (superfinog)

3 jaja

5 ml/1 žličica esencije vanilije (ekstrakt)

Za glazuru (glazuru):

100g/4oz/½ šalice maslaca ili margarina, omekšalog

6 oz/175 g/1 šalica slastičarskog šećera, prosijanog

75 ml/5 žlica džema od jagoda (iz konzerve)

Grančice šećera i nekoliko kriški kandirane naranče i limuna za ukrašavanje

Pomiješajte sve sastojke za kolač dok ne dobijete glatku smjesu za kolač. Podijelite u dva namašćena i obložena kalupa za torte od 8/20 cm i pecite u prethodno zagrijanoj pećnici na 160°C/325°F/razina plina 3 20 minuta dok ne porumene i budu elastični na dodir. Ostavite da se ohladi u kalupima 5 minuta, zatim preokrenite na rešetku da se potpuno ohladi.

Za pripremu glazure umutite maslac ili margarin sa šećerom u prahu dok ne bude glatka. Jednu tortu premažite pekmezom, zatim je premažite polovinom glazure i stavite drugu tortu na vrh. Preostalu glazuru premažite po torti i poravnajte lopaticom. Izrežite krug od 8 inča/20 cm od voštanog papira i savijte ga u 8 segmenata. Ostavljajući mali krug u sredini da drži papir cijeli, izrežite naizmjenične segmente i stavite papir na vrh torte poput šablone. Nepokrivene dijelove pospite nitima šećera, zatim uklonite papir i na neukrašene dijelove rasporedite kriške naranče i limuna u privlačnom uzorku.

Švicarska rolada

Proizvodi jednu rolu od 20 cm/8 inča

3 jaja

1/3 šalice/3 unce/75 g granuliranog šećera (superfinog)

¾ šalice/3 unce/75 g brašna koje se samo diže

Šećer u prahu (superfini) za posipanje

75 ml/5 žlica džema od malina (iz konzerve)

Jaja i šećer tucite oko 10 minuta dok smjesa ne postane svijetla i gusta i dok u komadićima ne sklizne s pjenjače. Pomiješajte brašno i izlijte u podmazan i obložen pleh veličine 30 x 20 cm. Pecite u prethodno zagrijanoj pećnici na 200°C/400°F/plinska oznaka 4 10 minuta dok dobro ne naraste i postane čvrsto na dodir. Pospite čistu kuhinjsku krpu (torchon) šećerom u prahu i preokrenite kolač na kuhinjsku krpu. Uklonite zaštitni papir, odrežite rubove i priđete nožem oko 2,5 cm od kraćeg ruba, odrežući polovicu torte. Zarolajte kolač počevši od odrezanog ruba. Neka se ohladi. Odmotajte kolač i premažite ga marmeladom, pa ga ponovno zarolajte i poslužite posipanog šećerom u prahu.

Švicarska rolada od jabuka

Proizvodi jednu rolu od 20 cm/8 inča

1 šalica/4 unce/100 g glatkog brašna (višenamjenskog)

5 ml/1 žličica praška za pecivo

Prstohvat soli

8 unci/225 g/1 šalica granuliranog šećera (superfinog)

3 jaja

5 ml/1 žličica esencije vanilije (ekstrakt)

45 ml/3 žlice hladne vode

Šećer u prahu (konditorski) prosijani za posipanje

4 oz/100 g/1 šalica džema od jabuka (u prozirnoj kutiji)

Pomiješajte brašno, prašak za pecivo, sol i šećer, zatim dodajte jaja i aromu vanilije dok smjesa ne bude glatka. Uključite vodu. Smjesu izlijte u namašćen i pobrašnjen kalup za biskvit veličine 30 x 20 cm i pecite u prethodno zagrijanoj pećnici na 190°C/stupanj 5 20 minuta dok ne postane elastičan na dodir. Pospite čistu kuhinjsku krpu (torchon) šećerom u prahu i preokrenite kolač na kuhinjsku krpu. Uklonite zaštitni papir, odrežite rubove i prijeđite nožem oko 2,5 cm od kraćeg ruba, odrežući polovicu torte. Zarolajte kolač počevši od odrezanog ruba. Neka se ohladi.

Tortu razmotati i namazati pekmezom od jabuka gotovo do rubova. Ponovno zarolajte i pospite šećerom u prahu za posluživanje.

Rakija kesten rolada

Proizvodi jednu rolu od 20 cm/8 inča

3 jaja

100 g/4 oz/½ šalice granuliranog šećera (superfini)

1 šalica/4 unce/100 g glatkog brašna (višenamjenskog)

30 ml/2 žlice konjaka

Šećer u prahu (superfini) za posipanje

Za nadjev i dekoraciju:

300 ml/½ pt/1¼ šalice dvostrukog vrhnja (gusto)

15 ml/1 žlica šećera (super finog)

250g/9oz/1 velika konzerva kesten pirea

1 ½ šalice/6 unci tamne čokolade (poluslatke)

½ oz/15 g/1 žlica maslaca ili margarina

30 ml/2 žlice konjaka

Tucite jaja i šećer dok smjesa ne postane svijetla i gusta. Metalnom žlicom pažljivo dodajte brašno i rakiju. Izlijte u podmazan i obložen kalup za žele veličine 30 x 20 cm i pecite u prethodno zagrijanoj pećnici na 220°C/425°F/plinska oznaka 7 12 minuta. Stavite čistu krpu (torchon) na radnu površinu, pokrijte je listom voštanog papira i pospite šećerom u prahu. Okrenite bojicu na papir. Uklonite zaštitni papir, odrežite rubove i pijeđite nožem oko 2,5 cm od kraćeg ruba, odrežući polovicu torte. Zarolajte kolač počevši od odrezanog ruba. Neka se ohladi.

Za pripremu nadjeva istucite vrhnje i šećer u čvrsti snijeg. Pire od kestena prosijati (filtrirati) pa mutiti dok ne postane glatko. U kesten pire dodajte pola vrhnja. Tortu razmotati i površinu namazati kesten pireom, pa opet zarolati tortu. Otopite čokoladu s maslacem ili margarinom i brendijem u toplotno otpornoj zdjeli postavljenoj iznad lonca s kipućom vodom. Premažite ga preko kolača i vilicom označite šare.

Čokoladna švicarska rolada

Proizvodi jednu rolu od 20 cm/8 inča

3 jaja

1/3 šalice/3 unce/75 g granuliranog šećera (superfinog)

50 g/½ šalice brašna koje se samo diže

25 g/¼ šalice kakaa u prahu (nezaslađena čokolada)

Šećer u prahu (superfini) za posipanje

120 ml/4 fl oz/½ šalice dvostrukog vrhnja (gusto)

Šećer u prahu (glazura) za posipanje

Jaja i šećer mutite oko 10 minuta dok smjesa ne postane svijetla i gusta i smjesa izlazi iz miksera u trakicama. Dodati brašno i kakao i izliti u podmazan i obložen kalup za rolate veličine 30 x 20 cm. Pecite u prethodno zagrijanoj pećnici na 200°C/400°F/plinska oznaka 4 10 minuta dok dobro ne naraste i postane čvrsto na dodir. Pospite čistu kuhinjsku krpu (torchon) šećerom u prahu i preokrenite kolač na kuhinjsku krpu. Uklonite zaštitni papir, odrežite rubove i prijeđite nožem oko 2,5 cm od kraćeg ruba, odrežući polovicu torte. Zarolajte kolač počevši od odrezanog ruba. Neka se ohladi.

Umutiti čvrsti šlag. Odmotajte kolač i namažite ga kremom, pa ga ponovno zarolajte i poslužite posipanog šećerom u prahu.

kolut od limuna

Proizvodi jednu rolu od 20 cm/8 inča

3 oz/75 g/¾ šalice samodizajućeg brašna

5 ml/1 žličica praška za pecivo

Prstohvat soli

1 jaje

6 unci/175 g/¾ šalice granuliranog šećera (superfinog)

15 ml/1 žlica ulja

5 ml/1 žličica esencije limuna (ekstrakt)

6 bjelanjaka

2 unce/50 g/1⁄3 šalice slastičarskog (u prahu) šećera, prosijanog

75 ml/5 žlica lemon curda

300 ml/½ pt/1¼ šalice dvostrukog vrhnja (gusto)

10 ml/2 žličice naribane korice limuna

Pomiješajte brašno, prašak za pecivo i sol. Istucite jaje dok ne postane gusto i ne dobije boju limuna, a zatim polako umiješajte 2 oz/50 g/¼ šalice granuliranog šećera dok ne postane svijetlo i kremasto. Umutite ulje i esenciju limuna. U čistoj zdjeli istucite bjelanjke dok ne omekšaju pa postupno dodajte preostali šećer u prahu dok se smjesa ne stegne. Bjelanjke umiješajte u ulje, pa umiješajte brašno. Izlijte u podmazan i obložen kalup za žele veličine 30 x 20 cm i pecite u prethodno zagrijanoj pećnici na 190°C/stupanj 5 10 minuta dok ne postane elastičan na dodir. Prekrijte čistu kuhinjsku krpu (torchon) listom papira za pečenje i pospite šećerom u prahu, zatim preokrenite kolač na kuhinjsku krpu. Uklonite zaštitni papir, odrežite rubove i prijeđite nožem oko 2,5 cm od kraćeg ruba. prerezati kolač na pola. Zarolajte kolač počevši od odrezanog ruba. Neka se ohladi.

Odmotajte tortu i namažite je kremom od limuna. Umutiti vrhnje da postane gusto i dodati limunovu koricu. Odozgo premažite kremom od limuna i ponovno zarolajte tortu. Ohladiti prije posluživanja.

Rolada sa sirom od meda i limuna

Proizvodi jednu rolu od 20 cm/8 inča

3 jaja

1⁄3 šalice/3 unce/75 g granuliranog šećera (superfinog)

ribana korica 1 limuna

¾ šalice/3 unce/75 g glatkog brašna (višenamjenskog)

Prstohvat soli

Vrlo fini šećer za posipanje Za ukras:

6 oz/175 g/¾ šalice krem sira

30 ml/2 žlice svijetlog meda

Šećer u prahu (konditorski) prosijani za posipanje

Tucite jaja, šećer i limunovu koricu u zdjeli otpornoj na toplinu postavljenoj iznad posude s kipućom vodom dok smjesa ne postane gusta i pjenasta, a smjesa klizi u komadiće duž pjenjače. Maknite s vatre i miksajte 3 minute pa dodajte brašno i sol. Izlijte u podmazan i obložen kalup za švicarske rolice veličine 30 x 20 cm i pecite u prethodno zagrijanoj pećnici na 200°C/400°F/stupanj 6 dok ne porumene i ne postanu elastični. Čistu kuhinjsku krpu (torchon) prekrijte papirom za pečenje i pospite kristalnim šećerom, a zatim preokrenite kolač na kuhinjsku krpu. Odlijepite zaštitni papir, odrežite rubove i prijeđite nožem oko 2,5 cm od kraćeg ruba, režući pola torte. Zarolajte kolač počevši od odrezanog ruba. Neka se ohladi.

Krem sir pomiješajte s medom. Odmotajte kolač, premažite ga nadjevom, pa ga ponovo zarolajte i pospite šećerom u prahu.

Rolada s džemom od limete

Proizvodi jednu rolu od 20 cm/8 inča

3 jaja

6 unci/175 g/¾ šalice granuliranog šećera (superfinog)

45 ml/3 žlice vode

5 ml/1 žličica esencije vanilije (ekstrakt)

¾ šalice/3 unce/75 g glatkog brašna (višenamjenskog)

5 ml/1 žličica praška za pecivo

Prstohvat soli

1 unca/25 g/¼ šalice nasjeckanih badema

Šećer u prahu (superfini) za posipanje

60 ml/4 žlice pekmeza od limete

150 ml/¼ pt/⅔ šalice dvostrukog vrhnja (gustog), tučenog

Tucite jaja dok ne postanu svijetla i gusta, zatim postupno umiješajte šećer, vodu i aromu vanilije. Pomiješajte brašno, prašak za pecivo, sol i nasjeckane bademe i tucite dok ne postane glatko. Izlijte u podmazan i obložen kalup za žele veličine 30 x 20 cm i pecite u prethodno zagrijanoj pećnici na 180°C/350°F/stupanj 4 12 minuta dok se ne stegne. dodir. Čistu kuhinjsku krpu (torchon) pospite šećerom i vrući kolač preokrenite na kuhinjsku krpu. Uklonite zaštitni papir, odrežite rubove i prijeđite nožem oko 2,5 cm od kraćeg ruba, odrežući polovicu torte. Zarolajte kolač počevši od odrezanog ruba. Neka se ohladi.

Kolač razmotati i namazati pekmezom i kremom. Ponovno zarolati i još malo posuti šećerom u prahu.

Rolada od jagoda i limuna

Proizvodi jednu rolu od 20 cm/8 inča

Za nadjev:

30 ml/2 žlice kukuruznog brašna (kukuruzni škrob)

1/3 šalice/3 unce/75 g granuliranog šećera (superfinog)

120 ml/4 fl oz/½ šalice soka od jabuke

120 ml/4 oz/½ šalice soka od limuna

2 žumanjka, lagano istučena

10 ml/2 žličice naribane korice limuna

15 ml/1 žlica maslaca

Za tortu:

3 jaja, odvojena

3 bjelanjka

Prstohvat soli

1/3 šalice/3 unce/75 g granuliranog šećera (superfinog)

15 ml/1 žlica ulja

5 ml/1 žličica esencije vanilije (ekstrakt)

5 ml/1 žličica naribane korice limuna

½ šalice/2 oz/50 g glatkog brašna (višenamjenskog).

¼ šalice/1 unca/25 g kukuruznog brašna (kukuruzni škrob)

8 oz/225 g jagoda, narezanih

Šećer u prahu (konditorski) prosijani za posipanje

Za pripremu nadjeva u šerpi pomiješajte kukuruzno brašno i šećer pa postupno dodajte sok od jabuke i limuna. Dodajte žumanjke i limunovu koricu. Kuhajte na laganoj vatri uz stalno miješanje dok smjesa ne postane jako gusta. Maknite s vatre i dodajte maslac. Izlijte u zdjelu, na površinu stavite krug od papira za pečenje (voštanog), ostavite da se ohladi, pa spremite u hladnjak.

Za pripremu tarta istucite sve bjelanjke sa soli dok ne dobiju mekani snijeg. Postupno dodajte šećer dok ne postane čvrsta i sjajna. Istucite žumanjke, ulje, aromu vanilije i koricu limuna. Dodati žlicu snijega od bjelanjaka, pa smjesu od žumanjaka umiješati u snijeg od bjelanjaka. Dodajte brašno i kukuruzni škrob; Nemojte pretjerati s miješanjem. Žlicom izlijte smjesu u podmazan, obložen i pobrašnjen kalup za švicarske rolice veličine 30 x 20 cm i pecite u prethodno zagrijanoj pećnici na 200°C/400°F/plinska oznaka 4 10 minuta dok ne porumene. . Preokrenite kolač na lim (voštanog) papira za pečenje postavljen na rešetku. Odlijepite zaštitni papir, odrežite rubove i priđite nožem oko 2,5 cm od kraćeg ruba, režući pola torte. Zarolajte kolač počevši od odrezanog ruba. Neka se ohladi.

Hladan tart razmotajte i premažite nadjevom od limuna i na njega stavite jagode. Pomoću papira ponovno zarolajte roladu i pospite šećerom u prahu za posluživanje.

Švicarska rolada s narančom i bademima

Proizvodi jednu rolu od 20 cm/8 inča

4 jaja, odvojena

8 unci/225 g/1 šalica granuliranog šećera (superfinog)

60 ml/4 žlice soka od naranče

1¼ šalice/5 oz/150 g glatkog brašna (višenamjenskog)

5 ml/1 žličica praška za pecivo

Prstohvat soli

5 ml/1 žličica esencije vanilije (ekstrakt)

naribana korica ½ naranče

Šećer u prahu (superfini) za posipanje

Za nadjev:

2 naranče

30 ml/2 žlice želatine u prahu

120 ml/4 unce/½ šalice vode

250 ml/8 oz/1 šalica soka od naranče

100 g/4 oz/½ šalice granuliranog šećera (superfini)

4 žumanjka

250 ml/8 tečnih oz/1 šalica dvostrukog vrhnja (gusto)

1/3 šalice/4 oz/100 g džema od marelica (iz konzerve), procijeđenog (cijedilo)

15 ml/1 žlica vode

4 oz/100 g/1 šalica narezanih badema (narezanih), tostiranih

Istucite žumanjke, šećer u prahu i sok od naranče dok ne postanu svijetli i pjenasti. Metalnom žlicom postupno dodajte brašno i prašak za pecivo. Istucite bjelanjke sa soli u čvrsti snijeg, a zatim ih metalnom žlicom dodajte u smjesu s esencijom vanilije i narančinom koricom. Izlijte u podmazan i obložen kalup za žele veličine 30 x 20 cm i pecite u prethodno zagrijanoj pećnici na 200°C/400°F/stupanj 6 10 minuta dok ne postane elastičan na dodir. Preformirati u čistu krpu (toršon), posutu šećerom u prahu. Uklonite zaštitni papir, odrežite rubove i priječite nožem oko 2,5 cm od kraćeg ruba, odrežući polovicu torte. Zarolajte kolač počevši od odrezanog ruba. Neka se ohladi.

Za pripremu nadjeva naribajte koricu naranče. Ogulite dvije naranče i uklonite koru i opne. Prerežite četvrtine na pola i ostavite da se ocijede. Želatinu pospite vodom u posudi i pustite da zapjeni. Stavite posudu u lonac s vrućom vodom dok se potpuno ne otopi. Malo prohladite. Umutite sok i koricu naranče sa šećerom i žumanjcima u zdjeli otpornoj na toplinu, stavite iznad posude s kipućom vodom, dok ne postane gusto i kremasto. Maknite s vatre i dodajte želatinu. Povremeno promiješajte dok se ne ohladi. Istucite čvrsti šlag pa ga umiješajte u smjesu i stavite u hladnjak.

Razmotajte tortu, premažite je kremom od naranče i pospite režnjevima naranče. Opet pedala. Zagrijte džem s vodom dok se dobro ne sjedini. Premažite kolač i pospite ga prženim bademima, lagano pritiskajući.

Švicarska rolada s jagodama

Proizvodi jednu rolu od 20 cm/8 inča

3 jaja

3 unce/75 g/1/3 šalice granuliranog šećera (superfinog)

¾ šalice/3 unce/75 g brašna koje se samo diže

Šećer u prahu (superfini) za posipanje

75 ml/5 žlica džema od malina (iz konzerve)

150 ml/¼ pt/2/3 šalice vrhnja za šlag ili dvostrukog (gustog) vrhnja

100g/4oz jagoda

Jaja i šećer mutite oko 10 minuta dok smjesa ne postane svijetla i gusta i smjesa izlazi iz miksera u trakicama. Pomiješajte brašno i izlijte u podmazan i obložen pleh veličine 30 x 20 cm. Pecite u prethodno zagrijanoj pećnici na 200°C/400°F/plinska oznaka 4 10 minuta dok dobro ne naraste i postane čvrsto na dodir. Pospite čistu kuhinjsku krpu (torchon) šećerom u prahu i preokrenite kolač na kuhinjsku krpu. Uklonite zaštitni papir, odrežite rubove i prieđite nožem oko 2,5 cm od kraćeg ruba, odrežući polovicu torte. Zarolajte kolač počevši od odrezanog ruba. Neka se ohladi. Odmotajte kolač i premažite pekmezom, pa opet zarolajte. Tortu prerežite po dužini na pola i zaobljene strane stavite zajedno na pladanj za posluživanje tako da prerezane strane budu okrenute prema van. Istucite čvrsti šlag pa ga prelijte po površini i stranicama torte. Jagode narežite na ploške ili četvrtine ako su velike i ukrasno rasporedite po torti.

Sve u jednoj čokoladnoj torti

Pravi tortu od 20 cm/8 inča

100g/4oz/½ šalice maslaca ili margarina, omekšalog

100 g/4 oz/½ šalice granuliranog šećera (superfini)

100 g/1 šalica brašna koje se samo diže

15 ml/1 žlica kakaa u prahu (nezaslađena čokolada)

2,5 ml/½ žličice praška za pecivo

2 jaja

Pomiješajte sve sastojke dok se dobro ne sjedine. Izlijte u podmazan i obložen kalup za tortu od 20 cm i pecite u prethodno zagrijanoj pećnici na 180°C/350°F/plinska oznaka 4 30 minuta dok dobro ne naraste i postane elastičan na dodir.

Čokoladni banana kruh

Izrađuje štrucu od 900 g/2 lb

5 oz/150 g/2/3 šalice maslaca ili margarina

5 oz/150 g/2/3 šalice blagog smeđeg šećera

5 oz/1¼ šalice/150 g tamne čokolade (poluslatke)

2 banane, zgnječene

3 razmućena jaja

1 ¾ šalice/200 g glatkog brašna (višenamjenskog)

10 ml/2 žličice praška za pecivo

Otopite maslac ili margarin sa šećerom i čokoladom. Maknite s vatre pa dodajte banane, jaja, brašno i prašak za pecivo dok smjesa ne bude glatka. Izlijte u podmazan i obložen kalup za kruh od 900 g i pecite u prethodno zagrijanoj pećnici na 150°C/300°F/razina plina 3 1 sat dok ne postane elastičan na dodir. Ostavite da se ohladi u kalupu 5 minuta prije nego što ga izvadite iz kalupa da se potpuno ohladi na rešetki.

Torta od čokolade i badema

Pravi tortu od 20 cm/8 inča

100g/4oz/½ šalice maslaca ili margarina, omekšalog

100 g/4 oz/½ šalice granuliranog šećera (superfini)

2 jaja, lagano tučena

2,5 ml/½ žličice esencije badema (ekstrakt)

100 g/1 šalica brašna koje se samo diže

25 g/¼ šalice kakaa u prahu (nezaslađena čokolada)

2,5 ml/½ žličice praška za pecivo

45 ml/3 žlice nasjeckanih badema

60 ml/4 žlice mlijeka

Šećer u prahu (glazura) za posipanje

Miksajte maslac ili margarin i šećer dok ne postanu svijetli i pjenasti. Postupno dodajte jaja i esenciju badema, zatim dodajte brašno, kakao i prašak za pecivo. Dodajte nasjeckane bademe i toliko mlijeka da dobijete meku smjesu. Smjesu izlijte u namašćen i obložen kalup za torte 8/20 cm (pleh) i pecite u prethodno zagrijanoj pećnici na 200°C/plin 6 15-20 minuta dok ne napuhne i postane elastično na dodir. Poslužite posipano šećerom u prahu.

Sladoledna torta od čokolade i badema

Pravi tortu od 23 cm/9 inča

225 g/2 šalice tamne čokolade (poluslatke)

8 unci/225 g/1 šalica maslaca ili margarina, omekšalog

8 unci/225 g/1 šalica granuliranog šećera (superfinog)

5 jaja, odvojenih

8 oz/225 g/2 šalice samodižućeg brašna

4 oz/100 g/1 šalica nasjeckanih badema

Za glazuru (glazuru):

175 g/6 unci/1 šalica šećera u prahu (glazura)

25 g/¼ šalice kakaa u prahu (nezaslađena čokolada)

30 ml/2 žlice Cointreaua

30 ml/2 žlice vode

Oguljeni bademi za dekoraciju

Otopite čokoladu u zdjeli otpornoj na toplinu postavljenoj iznad posude s ključalom vodom. Malo prohladite. Miksajte maslac ili margarin i šećer dok ne postanu svijetli i pjenasti. Istucite žumanjke pa ulijte otopljenu čokoladu. Dodajte brašno i prah badema. Od bjelanjaka istucite čvrsti snijeg pa ga postupno umiješajte u čokoladnu smjesu. Izlijte u podmazan i obložen kalup za torte promjera 23 cm s slobodnim dnom i pecite u prethodno zagrijanoj pećnici na 180°C/350°F/razina plina 4 1 sat i 30 minuta dok se ne digne i postane elastičan. Neka se ohladi.

Za pripremu glazure pomiješajte šećer u prahu i kakao i napravite udubinu u sredini. Zagrijte Cointreau i vodu, a zatim postupno pomiješajte tekućinu s dovoljno šećera u prahu da dobijete glazuru za mazanje. Zagladite tortu i izrežite dizajn u glazuru prije nego se ohladi. Ukrasite bademima.

Čokoladna torta od anđelike

Pravi kolač od 2 lb/900 g

6 bjelanjaka

Prstohvat soli

5 ml/1 žličica kreme od zubnog kamenca

450 g/1 funta/2 šalice granuliranog šećera (superfini)

2,5 ml/½ žličice soka od limuna

Nekoliko kapi esencije vanilije (ekstrakt)

1 šalica/4 unce/100 g glatkog brašna (višenamjenskog)

50 g/½ šalice kakaa u prahu (nezaslađena čokolada)

5 ml/1 žličica praška za pecivo

                    Za glazuru (glazuru):

6 oz/175 g/1 šalica slastičarskog šećera, prosijanog

5 ml/1 žličica kakaa u prahu (nezaslađena čokolada)

Nekoliko kapi esencije vanilije (ekstrakt)

30 ml/2 žlice mlijeka

Istucite bjelanjke i sol dok ne postanu mekani snijeg. Dodajte kremu od tartara i tucite dok ne postane čvrsta. Dodajte šećer, limunov sok i aromu vanilije. Pomiješajte brašno, kakao i kvasac pa ih dodajte u smjesu. Izlijte u podmazan i obložen kalup za torte od 900 g i pecite u prethodno zagrijanoj pećnici na 180°C/350°F/stupanj 4 1 sat dok se ne stegne. Odmah izvadite iz kalupa i ostavite da se ohladi na rešetki.

Za pripremu glazure miješajte sve sastojke dok ne dobijete glatku smjesu, dodavajući malo po malo mlijeko. Izliti na ohlađenu tortu.

Američka čokoladna torta

Pravi tortu od 23 cm/9 inča

1 ½ šalice/175 g glatkog brašna (višenamjenskog)

45 ml/3 žlice kakaa u prahu (nezaslađena čokolada)

5 ml/1 žličica sode bikarbone (natrij bikarbona)

8 unci/225 g/1 šalica granuliranog šećera (superfinog)

75 ml/5 žlica ulja

15 ml/1 žlica bijelog vinskog octa

5 ml/1 žličica esencije vanilije (ekstrakt)

250 ml/8 tečnih oz/1 šalica hladne vode

Za glazuru (glazuru):

2 oz/50 g/¼ šalice krem sira

30 ml/2 žlice maslaca ili margarina

2,5 ml/½ žličice esencije vanilije (ekstrakt)

6 oz/175 g/1 šalica slastičarskog šećera, prosijanog

Pomiješajte suhe sastojke i napravite udubinu u sredini. Ulijte ulje, vinski ocat i aromu vanilije i dobro promiješajte. Dodajte hladnu vodu i ponovno miješajte dok ne postane glatko. Izlijte u maslacem namazan kalup promjera 23 cm i pecite u prethodno zagrijanoj pećnici na 180°C/plinska oznaka 4 30 minuta. Neka se ohladi.

Kako biste napravili glazuru, pomiješajte krem sir, maslac ili margarin i aromu vanilije dok ne postane svijetlo i pjenasto. Postupno tucite šećer u prahu dok smjesa ne postane glatka. Premazati preko torte.

Čokoladni kolač od jabuka

Pravi tortu od 20 cm/8 inča

2 jabuke za kuhanje (kisele)

Sok od limuna

100g/4oz/½ šalice maslaca ili margarina, omekšalog

8 unci/225 g/1 šalica granuliranog šećera (superfinog)

2 jaja, lagano tučena

5 ml/1 žličica esencije vanilije (ekstrakt)

2¼ šalice/9 oz/250 g glatkog brašna (višenamjenskog)

25 g/¼ šalice kakaa u prahu (nezaslađena čokolada)

5 ml/1 žličica praška za pecivo

5 ml/1 žličica sode bikarbone (natrij bikarbona)

150 ml/¼ pt/2/3 šalice mlijeka

          Za glazuru (glazuru):

450 g/22/3 šalice šećera u prahu, prosijanog

25 g/¼ šalice kakaa u prahu (nezaslađena čokolada)

2 oz/50 g/¼ šalice maslaca ili margarina

75 ml/5 žlica mlijeka

Jabuke ogulite, izvadite im koštice i sitno nasjeckajte pa ih poprskajte s malo limunova soka. Miksajte maslac ili margarin i šećer dok ne postanu svijetli i pjenasti. Postupno dodajte jaja i aromu vanilije, zatim dodajte brašno, kakao, prašak za pecivo i bikarbonu, naizmjence s mlijekom dok se smjesa dobro ne sjedini. Dodati nasjeckane jabuke. Izlijte u podmazan i obložen kalup za tortu od 20 cm i pecite u prethodno zagrijanoj pećnici na 180°C/350°F/plinska oznaka 4 45 minuta dok čačkalica zabodena u sredinu ne izađe čista. Ostavite da se hladi u kalupu 10 minuta, zatim preokrenite na rešetku da se do kraja ohladi.

Za pripremu glazure pomiješajte šećer u prahu, kakao i maslac ili margarin te dodajte toliko mlijeka da smjesa bude glatka i kremasta. Rasporedite ga po površini i stranicama torte i vilicom označite šare.

Čokoladna brownie torta

Za tortu veličine 15 x 10 inča/38 x 25 cm

100g/4oz/½ šalice maslaca ili margarina

100 g/4 oz/½ šalice masti (biljna mast)

250 ml/8 tečnih oz/1 šalica vode

25 g/¼ šalice kakaa u prahu (nezaslađena čokolada)

8 unci/2 šalice/225 g glatkog brašna (višenamjenskog)

450 g/1 funta/2 šalice granuliranog šećera (superfini)

120 ml/4 unce/½ šalice mlaćenice

2 razmućena jaja

5 ml/1 žličica sode bikarbone (natrij bikarbona)

Prstohvat soli

5 ml/1 žličica esencije vanilije (ekstrakt)

U loncu otopite maslac ili margarin, mast, vodu i kakao. U posudi pomiješajte brašno i šećer, ulijte otopljenu smjesu i dobro promiješajte. Dodajte preostale sastojke i tucite dok se dobro ne sjedine. Izlijte u namašćen i pobrašnjen kalup za žele i pecite u prethodno zagrijanoj pećnici na 200°C/400°F/stupanj 6 20 minuta dok ne postane elastičan na dodir.

Čokoladna torta s mlaćenicom

Pravi tortu od 23 cm/9 inča

8 oz/225 g/2 šalice samodižućeg brašna

12 unci/350 g/1½ šalice granuliranog šećera (superfinog)

5 ml/1 žličica sode bikarbone (natrij bikarbona)

2,5 ml/½ žličice soli

100g/4oz/½ šalice maslaca ili margarina

250 ml/8 unci/1 šalica mlaćenice

2 jaja

50 g/½ šalice kakaa u prahu (nezaslađena čokolada)

Američka baršunasta glazura

Pomiješajte brašno, šećer, sodu bikarbonu i sol. Umutite maslac ili margarin dok smjesa ne bude nalik na krušne mrvice, zatim dodajte mlaćenicu, jaja i kakao i nastavite miksati dok ne postane glatka. Podijelite smjesu u dva namašćena i obložena kalupa za sendviče promjera 9/23 cm i pecite u prethodno zagrijanoj pećnici na 180°C/350°F/razina plina 4 30 minuta dok čačkalica zabodena u sredinu ne izađe čista. Sendvič s polovicom američke baršunaste glazure i ostatkom prelijte tortu. Neka se odmori.

Tart s komadićima čokolade i bademima

Pravi tortu od 20 cm/8 inča

¾ šalice/6 unci/175 g maslaca ili margarina, omekšalog

6 unci/175 g/¾ šalice granuliranog šećera (superfinog)

3 jaja, lagano tučena

8 oz/225 g/2 šalice samodižućeg brašna

50 g/½ šalice nasjeckanih badema

4 oz/100 g/1 šalica čokoladnih komadića

30 ml/2 žlice mlijeka

¼ šalice/1 unca/25 g badema u listićima (narezanih)

Miksajte maslac ili margarin i šećer dok ne postanu svijetli i pjenasti. Dodajte malo po malo jaja, zatim dodajte brašno, prah badema i komadiće čokolade. Mlijeko izmiksajte tek toliko da dobijete tekuću konzistenciju pa dodajte bademe u listićima. Izlijte u namašćen i obložen kalup za tortu od 20 cm i pecite u prethodno zagrijanoj pećnici na 180°C/plin 4 1 sat dok čačkalica zabodena u sredinu ne izađe čista. Ostavite da se hladi u kalupu 5 minuta, zatim preokrenite na rešetku da se do kraja ohladi.

Kolač sa čokoladnom kremom

Pravi tortu od 18 cm/7 inča

4 jaja

100 g/4 oz/½ šalice granuliranog šećera (superfini)

2½ oz/60 g/2/3 šalice glatkog brašna (višenamjenskog).

1 unca/25 g/¼ šalice čokolade za piće u prahu

150 ml/¼ pt/2/3 šalice dvostrukog vrhnja (gustog)

Tucite jaja i šećer dok smjesa ne postane svijetla i pjenasta. Dodajte brašno i čokoladu za piće. Podijelite smjesu u dva namašćena i obložena kalupa za sendviče promjera 7/18 cm i pecite u prethodno zagrijanoj pećnici na 200°C/400°F/razina plina 6 15 minuta dok ne postane elastičan na dodir. Ostavite da se ohladi na rešetki. Istucite čvrsti šlag pa s vrhnjem oblikujte sendvič.

Kolač od čokolade i datulja

Pravi tortu od 20 cm/8 inča

1 oz/25 g/1 kvadrat obične (poluslatke) čokolade

175 g/6 oz/1 šalica datulja bez koštica, nasjeckanih

5 ml/1 žličica sode bikarbone (natrij bikarbona)

375 ml/1½ šalice kipuće vode

¾ šalice/6 unci/175 g maslaca ili margarina, omekšalog

8 unci/225 g/1 šalica granuliranog šećera (superfinog)

2 razmućena jaja

1 ½ šalice/175 g glatkog brašna (višenamjenskog)

2,5 ml/½ žličice soli

2 oz/50 g/¼ šalice granuliranog šećera

4 oz/100 g/1 šalica komadića čokolade bez okusa (poluslatke)

Pomiješajte čokoladu, urme, sodu bikarbonu i kipuću vodu i miješajte dok se čokolada ne otopi. Miksajte maslac ili margarin i šećer dok ne postanu svijetli i pjenasti. Malo po malo dodajte jaja. Dodajte brašno i sol naizmjenično u čokoladnu smjesu i miješajte dok se dobro ne sjedini. Izlijte u namašćen i pobrašnjen četvrtasti kalup za torte promjera 20 cm. Pomiješajte granulirani šećer i komadiće čokolade i pospite po vrhu. Pecite u prethodno zagrijanoj pećnici na 160°C/325°F/plinska oznaka 3 45 minuta dok čačkalica zabodena u sredinu ne izađe čista.

Čokoladna torta za obitelji

Pravi tortu od 23 cm/9 inča

100g/4oz/½ šalice maslaca ili margarina, omekšalog

6 unci/175 g/¾ šalice granuliranog šećera (superfinog)

2 jaja, lagano tučena

5 ml/1 žličica esencije vanilije (ekstrakt)

8 unci/2 šalice/225 g glatkog brašna (višenamjenskog)

45 ml/3 žlice kakaa u prahu (nezaslađena čokolada)

10 ml/2 žličice praška za pecivo

2,5 ml/½ žličice sode bikarbone (natrij bikarbona)

Prstohvat soli

150 ml/8 unci/1 šalica vode

Miksajte maslac ili margarin i šećer dok ne postanu svijetli i pjenasti. Postupno dodajte jaja i aromu vanilije, zatim dodajte brašno, kakao, prašak za pecivo, sodu bikarbonu i sol naizmjenično s vodom dok ne postane glatko. Izlijte u podmazan i obložen kalup za tortu 9/23 cm i pecite u prethodno zagrijanoj pećnici na 220°C/425°F/razina plina 7 20-25 minuta dok dobro ne naraste i postane elastičan na dodir.

Đavolja torta s glazurom od marshmallowa

Pravi tortu od 18 cm/7 inča

100g/4oz/½ šalice maslaca ili margarina, omekšalog

100 g/4 oz/½ šalice granuliranog šećera (superfini)

2 jaja, lagano tučena

1/3 šalice/3 oz/75 g brašna koje se samo diže

15 ml/1 žlica kakaa u prahu (nezaslađena čokolada)

Prstohvat soli

Za glazuru (glazuru):

4 oz/100 g marshmallowa

30 ml/2 žlice mlijeka

2 bjelanjka

25 g/2 žlice šećera (superfinog)

Naribana čokolada za ukrašavanje

Miksajte maslac ili margarin i šećer dok ne postanu svijetli i pjenasti. Postupno umiješajte jaja, zatim dodajte brašno, kakao i sol. Podijelite smjesu u dva namašćena i obložena kalupa za sendviče 7/18 cm i pecite u prethodno zagrijanoj pećnici na

180°C/350°F/razina plina 4 25 minuta dok se dobro ne digne i postane elastičan na dodir. Neka se ohladi.

Sljez otopiti u mlijeku na laganoj vatri uz povremeno miješanje pa ostaviti da se ohladi. Od bjelanjaka istucite čvrsti snijeg pa dodajte šećer i opet tucite dok smjesa ne postane čvrsta i sjajna. Dodajte u smjesu marshmallowa i ostavite da malo odstoji. Također torte premažite trećinom marshmallow glazure, a ostatak premažite po vrhu i sa strane torte i ukrasite naribanom čokoladom.

čokoladna torta iz snova

Pravi tortu od 23 cm/9 inča

225 g/2 šalice tamne čokolade (poluslatke)

30 ml/2 žlice instant kave u prahu

45 ml/3 žlice vode

4 jaja, odvojena

5 unci/150 g/2/3 šalice maslaca ili margarina, narezanog na kockice

Prstohvat soli

100 g/4 oz/½ šalice granuliranog šećera (superfini)

50 g/2 unce/½ šalice kukuruznog brašna (kukuruzni škrob)

Za ukras:

150 ml/¼ pt/2/3 šalice dvostrukog vrhnja (gustog)

1 unca/25 g/3 žlice šećera u prahu

1 ½ šalice/6 unci nasjeckanih oraha

Otopite čokoladu, kavu i vodu u zdjeli otpornoj na toplinu postavljenoj iznad posude s ključalom vodom. Maknite s vatre i postupno dodajte žumanjke. Dodajte maslac malo po malo dok se ne otopi u smjesi. Istucite bjelanjke i sol dok ne postanu mekani snijeg. Pažljivo dodajte šećer i tucite dok ne postane čvrst. Umiješajte kukuruzno brašno. Žlicom umiješajte čokoladnu smjesu pa čokoladu umiješajte u preostali snijeg od bjelanjaka. Izlijte u podmazan i obložen kalup za tortu od 23 cm i pecite u prethodno zagrijanoj pećnici na 180°C/350°F/plinska oznaka 4 45 minuta dok dobro ne naraste i ne postane elastičan na dodir. Izvadite iz pećnice i ostavite da se malo ohladi prije nego što se okrene; kolač će popucati i curiti.

Umutiti čvrsti šlag pa dodati šećer. Rub torte malo premažite kremom i utisnite nasjeckane orahe za ukrašavanje. Na to premažite ili stavite ostatak kreme.

lebdeća čokoladna torta

Za tortu veličine 23 x 30 cm/9 x 12 inča

2 jaja, odvojena

12 unci/350 g/1½ šalice granuliranog šećera (superfinog)

1 ¾ šalice/200 g samodizajućeg brašna

2,5 ml/½ žličice sode bikarbone (natrij bikarbona)

2,5 ml/½ žličice soli

60 ml/4 žlice kakaa u prahu (nezaslađena čokolada)

75 ml/5 žlica ulja

250 ml/8 unci/1 šalica mlaćenice

Od bjelanjaka istucite čvrsti snijeg. Postupno dodajte 100g/4oz/½ šalice šećera i tucite dok ne postane čvrsta i sjajna. Pomiješajte preostali šećer, brašno, sodu bikarbonu, sol i kakao. Istucite žumanjke, ulje i mlaćenicu. Pažljivo dodajte snijeg od bjelanjaka. Izlijte u namašćen i pobrašnjen kalup za torte 23 x 32 cm i pecite u prethodno zagrijanoj pećnici na 180°C/stupanj 4 40 minuta dok čačkalica zabodena u sredinu ne izađe van. Vlastiti.

Kolač od lješnjaka i čokolade

Pravi tortu 10/25 cm

4 oz/100 g/1 šalica lješnjaka

6 unci/175 g/¾ šalice granuliranog šećera (superfinog)

1 ½ šalice/175 g glatkog brašna (višenamjenskog)

50 g/½ šalice kakaa u prahu (nezaslađena čokolada)

5 ml/1 žličica praška za pecivo

Prstohvat soli

2 jaja, lagano tučena

2 bjelanjka

6 tečnih oz/175 ml/¾ šalice ulja

60 ml/4 žlice hladne jake crne kave

Rasporedite lješnjake po limu za pečenje (tepsiji) i pecite u prethodno zagrijanoj pećnici na 180°C/350°F/plinska razina 4 15 minuta dok ne porumene. Snažno trljajte na kuhinjsku krpu (torchon) da uklonite kožicu, zatim sitno usitnite orahe u multipraktiku sa 15ml/1 žlica šećera. Pomiješajte orahe s brašnom, kakaom, praškom za pecivo i soli. Pjenasto istucite jaja i bjelanjke. Malo po malo dodajte ostatak šećera i nastavite mutiti dok ne pobijeli. Postupno dodajte ulje, pa kavu. Dodajte suhe sastojke, pa izlijte u podmazan i obložen kalup za torte promjera

25 cm s slobodnim dnom i pecite u prethodno zagrijanoj pećnici na 180°C/stupanj 4 30 minuta dok se ne potroši. .

Čokoladna torta

Pravi kolač od 2 lb/900 g

60 ml/4 žlice kakaa u prahu (nezaslađena čokolada)

100g/4oz/½ šalice maslaca ili margarina

120 ml/4 unce/½ šalice ulja

250 ml/8 tečnih oz/1 šalica vode

12 unci/350 g/1½ šalice granuliranog šećera (superfinog)

8 oz/225 g/2 šalice samodižućeg brašna

2 razmućena jaja

120 ml/4 unce/½ šalice mlijeka

2,5 ml/½ žličice sode bikarbone (natrij bikarbona)

5 ml/1 žličica esencije vanilije (ekstrakt)

Za glazuru (glazuru):

60 ml/4 žlice kakaa u prahu (nezaslađena čokolada)

100g/4oz/½ šalice maslaca ili margarina

60 ml/4 žlice evaporiranog mlijeka

450 g/22/3 šalice šećera u prahu, prosijanog

5 ml/1 žličica esencije vanilije (ekstrakt)

4 oz/100 g/1 šalica tamne čokolade (poluslatke)

U lonac stavite kakao, maslac ili margarin, ulje i vodu i zakuhajte. Maknite s vatre i dodajte šećer i brašno. Umutite jaja, mlijeko, sodu bikarbonu i aromu vanilije pa ih dodajte u smjesu u tavi. Izlijte u podmazan i obložen kalup za tortu od 900 g i pecite u prethodno zagrijanoj pećnici na 180°C/350°F/razina plina 4 1 sat i 15 minuta dok dobro ne naraste i postane elastičan na dodir. Izvaditi iz kalupa i ostaviti da se ohladi na rešetki.

Za pripremu glazure, sve sastojke prokuhajte u srednje velikoj posudi. Tucite dok ne postane glatko, pa izlijte na još vrući kolač. Neka se odmori.

Čokoladna torta

Pravi tortu od 23 cm/9 inča

5 oz/1¼ šalice/150 g tamne čokolade (poluslatke)

5 unci/150 g/2/3 šalice maslaca ili margarina, omekšalog

5 unci/150 g/2/3 šalice granuliranog šećera (superfinog)

75 g/¾ šalice nasjeckanih badema

3 jaja, odvojena

1 šalica/4 unce/100 g glatkog brašna (višenamjenskog)

Za nadjev i dekoraciju:

300 ml/½ pt/1¼ šalice dvostrukog vrhnja (gusto)

200g/1 šalica tamne čokolade (poluslatke), nasjeckane

izmrvljeni komadići čokolade

Otopite čokoladu u zdjeli otpornoj na toplinu iznad posude s ključalom vodom. Pjenasto izradite maslac ili margarin i šećer pa umiješajte čokoladu, bademe i žumanjke. Istucite bjelanjke dok ne postanu mekani snijeg pa ih metalnom žlicom umiješajte u smjesu. Lagano dodajte brašno. Izlijte u podmazan kalup za tortu od 9 inča/23 cm i pecite u prethodno zagrijanoj pećnici na 180°C/350°F/razina plina 4 40 minuta, dok ne postane elastičan na dodir.

U međuvremenu zakuhajte vrhnje pa dodajte nasjeckanu čokoladu i miješajte dok se ne otopi. Neka se ohladi. Kad je torta pečena i ohlađena, vodoravno je prerežite i zalijepite polovicom čokoladne kreme. Ostatak rasporedite po vrhu i ukrasite s malo izmrvljene čokoladne listiće.

Talijanska čokoladna torta

Pravi tortu od 23 cm/9 inča

100g/4oz/½ šalice maslaca ili margarina

8 oz/225 g/1 šalica blagog smeđeg šećera

30 ml/2 žlice kakaa u prahu (nezaslađena čokolada)

3 jaja dobro umućena

3 unce/75 g/¾ šalice tamne čokolade (poluslatke)

150 ml/4 oz/½ šalice kipuće vode

400 g/3½ šalice glatkog brašna (višenamjenskog).

5 ml/1 žličica praška za pecivo

Prstohvat soli

10 ml/2 žličice esencije vanilije (ekstrakt)

6 tečnih oz/175 ml/¾ šalice obične (lagane) kreme.

150 ml/¼ pt/2/3 šalice dvostrukog vrhnja (gustog)

Krema od maslaca ili margarina, šećera i kakaa. Malo po malo dodajte jaja. Otopite čokoladu u kipućoj vodi, pa je dodajte u smjesu. Dodajte brašno, kvasac i sol. Umutiti aromu vanilije i vrhnje. Podijelite kolač u dva namašćena i obložena kalupa za torte 9/23 cm i pecite u prethodno zagrijanoj pećnici na 180°C/350°F/stupanj 4 25 minuta dok dobro ne naraste i postane elastičan na dodir. Ostavite da se ohladi u kalupima 5 minuta, zatim preokrenite na rešetku da se potpuno ohladi. Istucite čvrsti šlag pa ga koristite za spajanje kolača.

Sladoled torta od čokolade i lješnjaka

Pravi tortu od 23 cm/9 inča

1¼ šalice/5 oz/150 g lješnjaka bez kože

8 oz/225 g/1 šalica granuliranog šećera

15 ml/1 žlica instant kave u prahu

60 ml/4 žlice vode

1 ½ šalice/6 unci tamne čokolade (poluslatke), izlomljene na komadiće

5 ml/1 žličica esencije badema (ekstrakt)

100g/4oz/½ šalice maslaca ili margarina, omekšalog

8 jaja, odvojenih

45 ml/3 žlice mrvica digestivnog krekera (Graham krekeri)

Za glazuru (glazuru):

1 ½ šalice/6 unci tamne čokolade (poluslatke), izlomljene na komadiće

60 ml/4 žlice vode

15 ml/1 žlica instant kave u prahu

8 unci/225 g/1 šalica maslaca ili margarina, omekšalog

3 žumanjka

175 g/6 unci/1 šalica šećera u prahu (glazura)

Rendana čokolada za ukrašavanje (po želji)

Tostirajte lješnjake na suhoj tavi dok lagano ne porumene, povremeno protresajući tavu, a zatim nasjeckajte dok ne budu prilično sitni. Ostavite 45 ml/3 žlice za glazuru.

Otopite šećer i kavu u vodi na laganoj vatri, miješajući 3 minute. Maknite s vatre i dodajte čokoladu i esenciju badema. Miješajte dok se ne otopi i postane glatko, a zatim ostavite da se malo ohladi. Istucite maslac ili margarin dok ne postane pjenast, a zatim postupno umiješajte žumanjke. Dodajte lješnjake i biskvitne mrvice. Od bjelanjaka istucite čvrsti snijeg pa ih dodajte u smjesu. Podijelite u dva namašćena i obložena kalupa za torte 9/23 cm i pecite u prethodno zagrijanoj pećnici na 180°C/350°F/razina plina 4 25 minuta dok se kolač ne počne skupljati sa stijenki kalupa. i elastičan je na dodir.

Za pripremu glazure otopite čokoladu, vodu i kavu na laganoj vatri, miješajući dok ne postane glatka. Neka se ohladi. Istucite maslac ili margarin dok ne postane svijetlo i pjenasto. Postupno dodavati žumanjke, zatim smjesu s čokoladom. Istucite šećer u prahu. Čuvajte u hladnjaku dok ne dobije konzistenciju za mazanje.

Pripremite kolače s polovicom glazure, a zatim preostalom polovicom rasporedite stranice torte i utisnite orašaste plodove u stranice. Pokrijte vrh torte tankim slojem glazure i navucite rozete glazure oko ruba. Ukrasite po želji ribanom čokoladom.

Talijanski tart s čokoladnom kremom i konjakom

Pravi tortu od 23 cm/9 inča

400 g/3 1/2 šalice tamne čokolade (poluslatke)

14 tečnih oz/400 ml/1¾ šalice duple kreme (teške)

600 ml/1 qt/2½ šalice hladne jake crne kave

75 ml/5 žlica konjaka ili amaretta

400g/14oz biskvita

Otopite čokoladu u zdjeli otpornoj na toplinu postavljenoj iznad posude s ključalom vodom. Maknite s vatre i ostavite da se ohladi. Za to vrijeme istucite vrhnje u čvrsti snijeg. U vrhnje istucite čokoladu. Pomiješajte kavu i konjak ili amaretto. Trećinu keksa umočite u tijesto da se navlaži i njime obložite kalup za tart promjera 23cm širokog dna obložen folijom. Premažite s pola smjese kreme. Navlažiti i staviti drugi red keksa, zatim ostatak kreme i na kraju ostatak keksa. Ostavite da se dobro ohladi prije okretanja i posluživanja.

slojevita čokoladna torta

Pravi tortu od 20 cm/8 inča

3 unce/75 g/¾ šalice tamne čokolade (poluslatke)

¾ šalice/6 unci/175 g maslaca ili margarina, omekšalog

6 unci/175 g/¾ šalice granuliranog šećera (superfinog)

3 jaja, lagano tučena

1 ¼ šalice/5 oz/150 g brašna koje se samo diže

25 g/¼ šalice kakaa u prahu (nezaslađena čokolada)

Za glazuru (glazuru):

175 g/6 unci/1 šalica šećera u prahu (glazura)

50 g/½ šalice kakaa u prahu (nezaslađena čokolada)

¾ šalice/6 unci/175 g maslaca ili margarina, omekšalog

Naribana čokolada za ukrašavanje

Otopite čokoladu u zdjeli otpornoj na toplinu postavljenoj iznad posude s ključalom vodom. Malo prohladite. Miksajte maslac ili margarin i šećer dok ne postanu svijetli i pjenasti. Postupno umiješati jaja, zatim dodati brašno, kakao i otopljenu čokoladu. Smjesu izlijte u podmazan i obložen kalup za tortu od 20 cm i pecite u prethodno zagrijanoj pećnici na 180°C/350°F/plinska oznaka 4 1 ¼ sata dok ne postane elastična na dodir. Neka se ohladi.

Da biste napravili glazuru, pomiješajte šećer u prahu, kakao i maslac ili margarin dok ne dobijete glazuru za mazanje. Kada se torta ohladi, vodoravno je prerežite na trećine i s dvije trećine glazure zalijepite tri sloja. Preostalu glazuru rasporedite po površini, vilicom označite motiv i ukrasite naribanom čokoladom.

mekani čokoladni kolači

Pravi tortu od 20 cm/8 inča

1 ¾ šalice/200 g glatkog brašna (višenamjenskog)

30 ml/2 žlice kakaa u prahu (nezaslađena čokolada)

5 ml/1 žličica sode bikarbone (natrij bikarbona)

5 ml/1 žličica praška za pecivo

5 unci/150 g/2/3 šalice granuliranog šećera (superfinog)

30 ml/2 žlice zlatnog sirupa (svijetli kukuruzni)

2 jaja, lagano tučena

150 ml/¼ st./2/3 šalice ulja

150 ml/¼ pt/2/3 šalice mlijeka

150 ml/¼ pt/2/3 šalice dvostrukog (gustog) ili jakog vrhnja, tučenog

Tucite sve sastojke osim vrhnja dok ne dobijete pastu. Izlijte u dva namašćena i obložena kalupa za torte 8/20 cm i pecite u prethodno zagrijanoj pećnici na 160°C/325°F/razina plina 3 35 minuta dok dobro ne naraste i postane elastičan na dodir. Ostavite da se ohladi pa premažite šlagom.

moka torta

Za tortu veličine 23 x 30 cm/9 x 12 inča

450 g/1 funta/2 šalice granuliranog šećera (superfini)

8 unci/2 šalice/225 g glatkog brašna (višenamjenskog)

3 unce/75 g/¾ šalice kakaa u prahu (nezaslađena čokolada)

10 ml/2 žličice sode bikarbone (natrij bikarbona)

5 ml/1 žličica praška za pecivo

Prstohvat soli

120 ml/4 unce/½ šalice ulja

250 ml/8 tečnih oz/1 šalica vruće crne kave

250 ml/8 unci/1 šalica mlijeka

2 jaja, lagano tučena

Pomiješajte suhe sastojke i napravite udubinu u sredini. Dodajte preostale sastojke i miješajte dok se suhi sastojci ne prožmu. Stavite u središnji kalup za bojice 23 x 30 cm/9. čisti izvor.

Kolač od blata

Pravi tortu od 20 cm/8 inča

225 g/2 šalice tamne čokolade (poluslatke)

8 oz/225 g/1 šalica maslaca ili margarina

8 unci/225 g/1 šalica granuliranog šećera (superfinog)

4 jaja, lagano tučena

15 ml/1 žlica kukuruznog brašna (kukuruzni škrob)

Otopite čokoladu i maslac ili margarin u zdjeli otpornoj na toplinu postavljenoj iznad posude s kipućom vodom. Maknite s vatre i miješajte šećer dok se ne otopi, zatim dodajte jaja i kukuruzno brašno. Izlijte u podmazan, obložen kalup za tortu od 8/8 inča i stavite kalup na lim za pečenje s dovoljno vruće vode da dođe do polovice stijenki kalupa. Pecite u prethodno zagrijanoj pećnici na 180°C/350°F/plinska oznaka 4 1 sat. Izvadite iz posude s vodom i ostavite da se ohladi u posudi, a zatim u hladnjaku dok ne budete spremni da izvadite kalupe i poslužite.

Mississippi pita od blata s hrskavim temeljcem

Pravi tortu od 23 cm/9 inča

75 g/¾ šalice mrvica od medenjaka

75 g/¾ šalice mrvica digestivnog krekera (Graham krekeri)

2 oz/50 g/¼ šalice maslaca ili margarina, otopljenog

300 g marshmallowa

90 ml/6 žlica mlijeka

2,5 ml/½ žličice naribanog muškatnog oraščića

60 ml/4 žlice ruma ili konjaka

20 ml/4 žličice jake crne kave

450 g/l lb/4 šalice tamne čokolade (poluslatke)

450 ml/¾ šalice/2 šalice dvostrukog vrhnja (gusto)

Pomiješajte biskvitne mrvice s otopljenim maslacem i utisnite ih na dno namašćenog kalupa za tortu od 9 inča/23 cm. hladno.

Na laganoj vatri otopite marshmallow s mlijekom i muškatnim oraščićem. Maknite s vatre i ostavite da se ohladi. Pomiješajte rum ili konjak i kavu. U međuvremenu otopite tri četvrtine čokolade u zdjeli otpornoj na toplinu postavljenoj iznad posude s ključalom vodom. Maknite s vatre i ostavite da se ohladi. Umutiti čvrsti šlag.

Čokoladu i vrhnje umiješajte u marshmallow smjesu. Izlijte na dno i zagladite vrh. Pokrijte prozirnom folijom (plastičnom folijom) i ostavite u hladnjaku 2 sata dok se ne stegne.

Otopite preostalu čokoladu u zdjeli otpornoj na toplinu postavljenoj iznad posude s kipućom vodom. Čokoladu tanko namažite na pladanj (za kolače) i ostavite u hladnjaku dok se ne stegne. Oštrim nožem prođite kroz čokoladu i narežite je na kovrče te njome ukrasite vrh torte.

Čokoladna torta i orasi

Pravi tortu od 20 cm/8 inča

1 ½ šalice/6 unci nasjeckanih badema

6 unci/175 g/¾ šalice granuliranog šećera (superfinog)

4 jaja, odvojena

5 ml/1 žličica esencije vanilije (ekstrakt)

1 ½ šalice/6 unci tamne čokolade (poluslatke), naribane

15 ml/1 žlica nasjeckanih oraha

Umiješajte nasjeckane bademe i šećer pa dodajte žumanjke, aromu vanilije i čokoladu. Od bjelanjaka istucite čvrsti snijeg pa ga metalnom žlicom umiješajte u čokoladnu smjesu. Izliti u maslacem namazan i obložen kalup za torte 8/20 cm i posuti nasjeckanim orasima. Pecite u prethodno zagrijanoj pećnici na 190°C/375°F/razina plina 5 25 minuta dok dobro ne naraste i postane elastičan na dodir.

Bogata čokoladna torta

Pravi kolač od 2 lb/900 g

200 g/1¾ šalice tamne čokolade (poluslatke)

15 ml/1 žlica jake crne kave

8 unci/225 g/1 šalica maslaca ili margarina, omekšalog

8 oz/225 g/1 šalica granuliranog šećera

4 jaja

8 unci/2 šalice/225 g glatkog brašna (višenamjenskog)

5 ml/1 žličica praška za pecivo

Otopite čokoladu s kavom u zdjeli otpornoj na toplinu stavljenoj iznad posude s kipućom vodom. U međuvremenu umutite maslac ili margarin i šećer dok ne postanu svijetli i pjenasti. Dodajte jaja malo po malo, dobro umutiti nakon svakog dodavanja. Dodajte otopljenu čokoladu, zatim dodajte brašno i prašak za pecivo. Izlijte smjesu u podmazan lim za pečenje od 900 g/2 lb i zagrijte ga u prethodno zagrijanoj pećnici na 190°C/375°F/razina plina 5 oko 1 sat prije nego što stavite pleh u sredinu soli. . Po potrebi u zadnjih 10 minuta pečenja površinu prekrijte prozirnom folijom ili (voštanim) papirom za pečenje kako ne bi pretjerano porumenili.

Kolač od čokolade, oraha i višanja

Pravi tortu od 20 cm/8 inča

8 unci/225 g/1 šalica maslaca ili margarina, omekšalog

8 unci/225 g/1 šalica granuliranog šećera (superfinog)

4 jaja

Nekoliko kapi esencije vanilije (ekstrakt)

225 g/8 unci/2 šalice raženog brašna

8 oz/225 g/2 šalice nasjeckanih lješnjaka

45 ml/3 žlice kakaa u prahu (nezaslađena čokolada)

10 ml/2 žličice mljevenog cimeta

5 ml/1 žličica praška za pecivo

2 lb/900 g trešanja bez koštica (bez koštica)

Šećer u prahu (glazura) za posipanje

Miksajte maslac ili margarin i šećer dok ne postanu svijetli i pjenasti. Dodajte jaja malo po malo, jedno po jedno, zatim dodajte asenciju vanilije. Pomiješajte brašno, orahe, kakao, cimet i prašak za pecivo pa ih umiješajte u smjesu i miješajte dok ne postane glatko. Razvaljajte tijesto na lagano pobrašnjenoj površini u krug od 8 inča/20 cm i nježno ga utisnite u podmazan (lim) kalup za torte s slobodnim dnom. Na vrh stavite višnje. Pecite u prethodno zagrijanoj pećnici na 200°C/400°F/razina plina 6 30 minuta dok ne postane elastično na dodir. Izvadite iz kalupa i ostavite da se ohladi, a prije posluživanja pospite šećerom u prahu.

Rum čokoladna torta

Pravi tortu od 20 cm/8 inča

4 oz/100 g/1 šalica tamne čokolade (poluslatke)

15 ml/1 žlica ruma

3 jaja

100 g/4 oz/½ šalice granuliranog šećera (superfini)

¼ šalice/1 unca/25 g kukuruznog brašna (kukuruzni škrob)

50 g/½ šalice brašna koje se samo diže

Otopite čokoladu s rumom u zdjeli otpornoj na toplinu postavljenoj iznad posude s kipućom vodom. Tucite jaja i šećer dok ne postanu svijetla i pjenasta, zatim umiješajte kukuruzni škrob i brašno. Dodajte čokoladnu smjesu. Izlijte u podmazan i obložen kalup za tortu od 20 cm i pecite u prethodno zagrijanoj pećnici na 190°C/375°F/razina plina 5 10-15 minuta dok ne postane elastičan na dodir.

čokoladni sendvič

Pravi tortu od 20 cm/8 inča

1 šalica/4 unce/100 g glatkog brašna (višenamjenskog)

10 ml/2 žličice praška za pecivo

Prstohvat sode bikarbone (natrij bikarbona)

50 g/½ šalice kakaa u prahu (nezaslađena čokolada)

8 unci/225 g/1 šalica granuliranog šećera (superfinog)

120 ml / 4 fl oz / ½ šalice kukuruznog ulja

120 ml/4 unce/½ šalice mlijeka

150 ml/¼ pt/2/3 šalice dvostrukog vrhnja (gustog)

4 oz/100 g/1 šalica tamne čokolade (poluslatke)

Pomiješajte brašno, prašak za pecivo, sodu bikarbonu i kakao. Dodajte šećer. Pomiješajte ulje i mlijeko i pomiješajte sa suhim sastojcima dok ne dobijete glatku smjesu. Podijelite u dva namašćena i obložena kalupa za sendviče 8/20 cm i pecite u prethodno zagrijanoj pećnici na 180°C/350°F/razina plina 3 40 minuta dok ne postane elastičan na dodir. Prebacite na rešetku da se ohladi.

Umutiti čvrsti šlag. Sačuvajte 30 ml/2 žlice, a ostatak iskoristite za pripremu sendviča za kolač. Rastopite čokoladu i vrhnje u toplotno otpornoj zdjeli iznad posude s ključalom vodom. Premazati preko torte i ostaviti da odmori.

Kolač od rogača i oraha

Pravi tortu od 18 cm/7 inča

¾ šalice/6 unci/175 g maslaca ili margarina, omekšalog

100g/4oz/½ šalice blagog smeđeg šećera

4 jaja, odvojena

¾ šalice/3 unce/75 g glatkog brašna (višenamjenskog)

1 unca/25 g/¼ šalice rogača u prahu

Prstohvat soli

Sitno naribana korica i sok 1 naranče

Pločice rogača od 175g/6oz

4 oz/100 g/1 šalica nasjeckanih miješanih orašastih plodova

Umutite 100g/4oz/½ šalice maslaca ili margarina sa šećerom dok ne postane svijetlo i pjenasto. Postupno dodajte žumanjke, zatim dodajte brašno, rogač u prahu, sol, narančinu koricu i 15 ml/1 žlica narančinog soka. Smjesu izlijte u dva namašćena i obložena kalupa za torte 7/18 cm i pecite u prethodno zagrijanoj pećnici na 180°C/350°F/razina plina 4 20 minuta dok ne postane elastična na dodir. Izvaditi iz kalupa i ostaviti da se ohladi.

Otopite rogač s preostalim sokom od naranče u zdjeli otpornoj na toplinu postavljenoj iznad posude s kipućom vodom. Maknite s vatre i dodajte preostali maslac ili margarin. Ostavite da se malo ohladi uz povremeno miješanje. Ohlađene kolače prelijte polovicom glazure, a ostatak rasporedite po vrhu. Izbodite vilicom i pospite orasima za ukrašavanje.

Badnjak od rogača

Proizvodi jednu rolu od 20 cm/8 inča

3 velika jaja

100 g/4 oz/1/3 šalice svijetlog meda

¾ šalice/3 unce/75 g integralnog brašna (cjelovito pšenično)

1 unca/25 g/¼ šalice rogača u prahu

20 ml/4 žličice vruće vode

Za nadjev:

6 oz/175 g/¾ šalice krem sira

Nekoliko kapi esencije vanilije (ekstrakt)

5 ml/1 žličica zrna kave, otopljenih u malo vruće vode

30 ml/2 žlice svijetlog meda

15 ml/1 žlica rogača u prahu

Istucite jaja i med dok se ne zgusne. Dodati brašno i rogač, pa vruću vodu. Izlijte u podmazan i obložen kalup za žele veličine 30 x 20 cm i pecite u prethodno zagrijanoj pećnici na 220°C/425°F/stupanj 7 15 minuta dok se ne stegne. dodir. Okrenite komad pergamentnog (voštanog) papira i odrežite rubove. Zarolati s kraće strane pomoću papira i ostaviti da se ohladi.

Za pripremu nadjeva pomiješajte sve sastojke. Razmotajte tortu i skinite papir. Polovinu fila premazati preko torte, skoro do ivica, pa ponovo urolati. Odozgo premažite preostali nadjev i vrhovima vilice izrežite koru.

kolač od sjemenki kima

Pravi tortu od 18 cm/7 inča

8 unci/225 g/1 šalica maslaca ili margarina, omekšalog

8 unci/225 g/1 šalica granuliranog šećera (superfinog)

4 jaja, odvojena

8 oz/225 g/2 šalice samodižućeg brašna

1 unca/25 g/¼ šalice sjemenki kumina

2,5 ml/½ žličice mljevenog cimeta

2,5 ml/½ žličice naribanog muškatnog oraščića

Miksajte maslac ili margarin i šećer dok ne postanu svijetli i pjenasti. Žumanjke umutiti i dodati u smjesu, zatim dodati brašno, sjemenke i začine. Od bjelanjaka istucite čvrsti snijeg pa ih dodajte u smjesu. Smjesu izlijte u podmazan i obložen kalup za torte promjera 18 cm/7 cm i pecite u prethodno zagrijanoj pećnici na 180°C/350°F/plinska oznaka 4 1 sat dok čačkalica zabodena u sredinu ne izađe čista.

Rižin kolač od badema

Pravi tortu od 20 cm/8 inča

8 unci/225 g/1 šalica maslaca ili margarina, omekšalog

8 unci/225 g/1 šalica granuliranog šećera (superfinog)

3 razmućena jaja

1 šalica/4 unce/100 g glatkog brašna (višenamjenskog)

¾ šalice/3 unce/75 g brašna koje se samo diže

¾ šalice/3 unce/75 g mljevene riže

2,5 ml/½ žličice esencije badema (ekstrakt)

Miksajte maslac ili margarin i šećer dok ne postanu svijetli i pjenasti. Umutiti malo po malo jaja. Dodajte brašno i mljevenu rižu te dodajte esenciju badema. Izlijte u namazan i obložen kalup za torte promjera 20 cm/8 cm i pecite u prethodno zagrijanoj pećnici na 150°C/300°F/plinska oznaka 2 1 sat 15 minuta dok ne postane elastičan na dodir. Ostavite da se ohladi u kalupu 10 minuta prije nego što ga izvrnete na rešetku da se potpuno ohladi.

pivski kolač

Pravi tortu od 20 cm/8 inča

8 unci/225 g/1 šalica maslaca ili margarina, omekšalog

8 oz/225 g/1 šalica blagog smeđeg šećera

2 jaja, lagano tučena

12 unci/350 g/3 šalice integralnog pšeničnog brašna (cjelovitog pšeničnog)

10 ml/2 žličice praška za pecivo

5 ml/1 žličica. 1/2 žličice mljevene mješavine začina (pita od jabuka)

150 ml/¼ pt/2/3 šalice tamnog piva

175 g/6 unci/1 šalica crvenog ribiza

6 oz/175 g/1 šalica grožđica (zlatne grožđice)

50g/2oz/1/3 šalice grožđica

4 oz/100 g/1 šalica nasjeckanih miješanih orašastih plodova

naribanu koricu 1 veće naranče

Miksajte maslac ili margarin i šećer dok ne postanu svijetli i pjenasti. Dodajte jaja malo po malo, dobro umutiti nakon svakog dodavanja. Pomiješajte brašno, kvasac i začine te dodajte malo po malo kremaste smjese naizmjenično s tamnim pivom, zatim dodajte voće, orahe i koricu naranče. Izlijte u podmazan i obložen kalup za tortu od 20 cm i pecite u prethodno zagrijanoj pećnici na

150°C/300°F/razina plina 2 2 ¼ sata dok čačkalica zabodena u sredinu ne izađe čista. Ostavite da se hladi u kalupu 30 minuta, zatim preokrenite na rešetku da se potpuno ohladi.

Kolač od piva i datulja

Pravi tortu od 23 cm/9 inča

8 unci/225 g/1 šalica maslaca ili margarina, omekšalog

1 lb/450 g/2 šalice svijetlosmeđeg šećera

2 jaja, lagano tučena

450 g/1 funta/4 šalice glatkog brašna (višenamjenskog)

175 g/6 oz/1 šalica datulja bez koštica, nasjeckanih

4 oz/100 g/1 šalica nasjeckanih miješanih orašastih plodova

10 ml/2 žličice sode bikarbone (natrij bikarbona)

5 ml/1 žličica mljevenog cimeta

5 ml/1 žličica. 1/2 žličice mljevene mješavine začina (pita od jabuka)

2,5 ml/½ žličice soli

500 ml/17 tečnih oz/2¼ šalice piva ili lagera

Miksajte maslac ili margarin i šećer dok ne postanu svijetli i pjenasti. Postupno umutite jaja, zatim dodajte suhe sastojke naizmjenično s pivom dok smjesa ne postane glatka. Izlijte u podmazan i obložen kalup za tortu od 23 cm i pecite u prethodno zagrijanoj pećnici na 180°C/350°F/plinska oznaka 4 1 sat dok čačkalica zabodena u sredinu ne izađe čista. Ostavite da se hladi u kalupu 10 minuta, zatim preokrenite na rešetku da se do kraja ohladi.

battenburg torta

Pravi tortu od 18 cm/7 inča

¾ šalice/6 unci/175 g maslaca ili margarina, omekšalog

6 unci/175 g/¾ šalice granuliranog šećera (superfinog)

3 jaja, lagano tučena

8 oz/225 g/2 šalice samodižućeg brašna

Nekoliko kapi esencije vanilije (ekstrakt)

Nekoliko kapi esencije (ekstrakta) maline Za glazuru:

15 ml/1 žlica džema od malina (iz konzerve), procijeđen (filtriran)

8 oz/225 g paste od badema

Malo kandiranih višanja

Pjenasto izradite maslac ili margarin i šećer. Postupno umiješajte jaja, zatim dodajte brašno i aromu vanilije. Podijelite smjesu na pola i u jednu polovicu dodajte esenciju maline. Namastite i obložite kvadratni kalup za tortu od 7 inča/18 cm i podijelite ga na pola presavijanjem pergamentnog (voštanog) papira u sredini kalupa. Svaku smjesu ulijte u polovicu kalupa i pecite u prethodno zagrijanoj pećnici na 180°C/350°F/plinska razina 4 oko 50 minuta dok ne postane elastična na dodir. Ostavite da se ohladi na rešetki.

Obrežite rubove torte i svaki dio prerežite po dužini na pola. Napravite sendvič s jednom ružičastom kriškom i jednom kriškom vanilije na dnu te jednom kriškom vanilije i jednom ružičastom kriškom na vrhu, koristeći malo džema da ih povežete. Preostalom marmeladom premažite tortu izvana. Pastu od badema razvaljajte u pravokutnik veličine otprilike 18 x 38 cm. Utisnite tortu izvana i obrežite rubove. Odozgo ukrasite kandiranim višnjama.

Kolač s pudingom od kruha

Pravi tortu od 23 cm/9 inča

8 oz/225 g/8 debelih kriški kruha

300 ml/½ pt/1¼ šalice mlijeka

12 oz/350 g/2 šalice trail mix (mješavina za voćni kolač)

¼ šalice/2 oz/50 g nasjeckane miješane (ušećerene) korice

1 jabuka, oguljena, izrezana i naribana

45 ml/3 žlice blagog smeđeg šećera

30 ml/2 žlice pekmeza

45 ml/3 žlice samodizajućeg brašna

2 jaja, lagano tučena

5 ml/1 žličica soka od limuna

10 ml/2 žličice mljevenog cimeta

100g/4oz/½ šalice maslaca ili margarina, otopljenog

Namočite kruh u mlijeko dok ne omekša. Pomiješajte sve preostale sastojke osim maslaca ili margarina. Dodati pola maslaca ili margarina, pa smjesu izliti u podmazan četvrtasti kalup (kalup) 9/23 cm i preko vrha preliti preostalim puterom ili margarinom. Pecite u prethodno zagrijanoj pećnici na 150°C/300°F/razina plina 3 1 sat i 30 minuta, zatim povećajte temperaturu pećnice na

180°C/350°F/razina plina 4 i pecite još 30 minuta. Ostavite da se ohladi u kalupu.

engleska pita od mlaćenice

Pravi tortu od 20 cm/8 inča

3 oz/75 g/1/3 šalice maslaca ili margarina

3 unce/75 g/1/3 šalice masti (biljne masti)

450 g/l lb/4 šalice glatkog brašna (višenamjenskog)

100 g/4 oz/½ šalice granuliranog šećera (superfini)

6 oz/175 g/1 šalica miješane korice (kandirane), nasjeckane

100g/4oz/2/3 šalice grožđica

30 ml/2 žlice pekmeza

250 ml/8 tečnih oz/1 šalica mlaćenice ili kiselog mlijeka

5 ml/1 žličica sode bikarbone (natrij bikarbona)

Maslac ili margarin i mast utrljajte u brašno dok smjesa ne bude poput krušnih mrvica. Dodajte brašno, šećer, izmiješanu koricu i grožđice. Pekmez malo zagrijte da se lako pomiješa s mlijekom, zatim dodajte sodu bikarbonu i umiješajte u smjesu za kolač dok ne dobijete glatku smjesu. Izlijte u namašćen i obložen kalup za torte promjera 20 cm i pecite u prethodno zagrijanoj pećnici na 160°C/plin 3 1 sat. Smanjite temperaturu pećnice na 150°C/300°F/razina plina 2 i pecite još 45 minuta dok ne porumene i postanu elastične na dodir. Ostavite da se ohladi u kalupu 10 minuta prije nego što ga izvrnete na rešetku da se potpuno ohladi.

www.ingramcontent.com/pod-product-compliance
Lightning Source LLC
Chambersburg PA
CBHW071859110526
44591CB00011B/1477